金道律师事务所
BRIGHTEOUS LAW FIRM

U0749903

直播与合规

中国直播行业合规管理指南

主　编　史　源　张国华

副主编　侯志会　张　玲　王蓓菁　吴纪魁

LIVE STREAMING

—— AND ——

COMPLIANCE

浙江工商大学出版社
ZHEJIANG GONGSHANG UNIVERSITY PRESS
·杭州·

图书在版编目(CIP)数据

直播与合规：中国直播行业合规管理指南 / 史源，
张国华主编 . — 杭州 ：浙江工商大学出版社，2021.6（2022.10 重印）
ISBN 978-7-5178-4541-6

Ⅰ . ①直… Ⅱ . ①史… ②张… Ⅲ . ①网络营销－行
业管理－中国－指南 Ⅳ . ① F724.6-62

中国版本图书馆 CIP 数据核字（2021）第 119315 号

直播与合规——中国直播行业合规管理指南
ZHIBO YU HEGUI——ZHONGGUO ZHIBO HANGYE HEGUI GUANLI ZHINAN
主　编　史　源　张国华
副主编　侯志会　张　玲　王蓓菁　吴纪魁

责任编辑　徐　凌
责任校对　黄拉拉
封面设计　王　辉
责任印制　包建辉
出版发行　浙江工商大学出版社
　　　　　　（杭州市教工路 198 号　邮政编码 310012）
　　　　　　（E-mail：zjgsupress@163.com）
　　　　　　（网址：http://www.zjgsupress.com）
　　　　　　电话：0571-88904980，88831806（传真）
排　　版　杭州彩地电脑图文有限公司
印　　刷　杭州高腾印务有限公司
开　　本　710mm×1000mm　1/16
印　　张　17.75
字　　数　218 千
版 印 次　2021 年 6 月第 1 版　2022 年 10 月第 3 次印刷
书　　号　ISBN 978-7-5178-4541-6
定　　价　58.00 元

本书编辑委员会 ———————————

序

随着互联网信息技术的不断发展，网络已成为人们日常生活不可分割的一部分，同时，网络也在逐渐改变人们的生活方式，使消费领域不断涌现出新形式、新业态。中国特有的网络直播模式发展，成了举世瞩目的焦点。

从 2016 年开始，各大电商平台陆续推出网络直播板块，进一步丰富了人们购物的选择。2020 年，受新冠肺炎疫情的影响，"直播带货"逐渐成为热点词汇。与传统的网络购物相比，直播带货充分吸收了网络直播的优势，通过主播对商品的介绍与讲解，人们可以更直观地了解商品信息，直播带货给人们带来的便利，使得人们愈加愿意选择在家通过网络购物。

在直播带货高速发展的同时，我们也清醒地认识到，网络直播行业依然存在许多问题。直播行业的乱象背后，暴露出的是行业发展与法律监管滞后的不平衡，网络直播公司的运营及主播在直播过程中的合规问题仍有待完善。2020 年下半年以来，国家多部委针对直播行业陆续出台多个规范性文件，以整治直播行业出现的乱象，使直播行业逐渐走上国家严格监管、合规健康发展的道路。

本书针对网络直播中的一系列问题，结合实际案例，从法律人的视角对直播行业存在的风险和问题现状进行探讨和论述，为网络直播企业构建合规管理体系及主播在直播过程中规避风险提供了有效指导。相信本书的出版，一定能为直播行业的健康发展起到积极作用！

中国移动通行联合会执行会长　倪健中

2021 年 3 月 10 日于北京

前　言

　　"合规"概念的提出，最早可以追溯至 20 世纪 30 年代美国的金融危机时期，当时其主要被用于银行业与证券业等金融机构的内部监管，以期在防范金融风险的同时尽可能地保障金融效率。到 1977 年，美国国会通过了著名的《反海外腐败法》，虽然该法律主要是为了规制美国公司向外国政府公职人员行贿，但在该法的执行过程中，特别是美国联邦量刑委员会于 1991 年将企业合规编入《联邦量刑指南》并以此作为法院对构成犯罪的企业进行量刑的依据后，合规计划就不再单纯属于企业治理的一种方式，而更属于一种刑法激励机制。在我国，最早与"合规"直接相关的文件是1992 年 1 月 6 日中华人民共和国审计署发布了《关于对金融机构贷款合规性审计的意见》，旨在通过对贷款合规性审计，审查贷款管理与发放过程中存在的漏洞与问题，重点审计贷款的发放是否突破计划规模。

　　随着移动终端技术的飞速发展，人们得以随时随地、便捷地从互联网获取信息和服务。2020 年新冠肺炎疫情发生之后，直播行业对商业经济产生了越来越多的影响，不仅改变了商业渠道和传播路径，同时其自身也快速走上了产业化之路。直播的出现顺应了互联网及通信技术的演进过程，也重构了互联网社交及营销的商业模式，重构了包括平台、主播与用户之间的交互模式、信任关系、商业推广与营销渠道、供应链管理等方面，粉丝经济的开发、平台和主播自身的影响力管理、与直播相关的相关利益方管理等都是我们面临的新课题。

企业要构建完善的合规管理制度，核心的出发点是企业效益本身。从企业的长远规划和发展考虑，一套行之有效的企业合规管理制度不仅可以避免违规带来的经济损失，也为企业的可持续发展提供了重要的制度基础。金道律师在为直播行业提供法律服务同时，也对直播行业这个阶段普遍存在的合规问题进行了梳理。我们希望本书能够为直播行业的稳健发展提供有益的参考。

浙江金道律师事务所高级合伙人　史源

2020 年 12 月 26 日于杭州

目 录
Contents

第四章

直播行业知识产权合规

第五章

直播行业刑事合规

第六章

直播行业税务合规

附　录
直播行业常用的法律法规

第一章

直播与合规概述

第一节　直播的行业现状及问题

一、直播的发展及现状

（一）直播的发展

传统的"直播"，多是指广播电视节目制作、合成、播出同时进行的一种传播方式。互联网成为直播的媒介后，急剧推进了直播的发展，形式上不仅可以电视、互联网、手机同步直播，还拓展了直播内容的载体，从文字、图片、音频到视频，增加了观看用户的参与性、互动性，加强与观看用户的感情交流，最终形成交互模式的升华——边看（直播）边消费，实现了网络直播商业上的闭环。

网络直播的内容题材多元纷呈，从最初的"唠嗑"闲聊，到新闻评论、生活展示、娱乐共享，再到成为教育工具宣传专业知识，以及网购，甚至金融投资。从个人活动到社交关系，网络直播终将触及每个人生活的方方面面。

从网络用户的角度，更多看到的是直播带来的乐趣和便利，而作为法律工作者，我们应当去思考直播行业存在的风险和问题，在此基础上构建有效的风险评估机制和合规管理体系，促进直播行业的可持续发展。

（二）电商直播的现状

无论是直播平台还是主播，无论直播内容是生活展示还是知识普及，在累积到一定流量后，最终都需寻求商业变现，通过会员充值、"打赏"、代言广告或者直播带货来实现。

电商直播于2016年应势而生，2019年迎来爆发阶段，2020年电商直播的销售规模突破万亿元关口。毕马威和阿里研究院联合发布的《迈向万亿市场的直播电商》研究报告显示，仅2020年上半年，全国电商直播就超过1000万场，相当于每天有5万多场直播，活跃的主播数量即已超40万人，直播商品数量超过2000万件。

快手科技于2020年11月向港交所提交的招股说明书中预计，中国直播电商的商品交易总额预计将从2019年的人民币4168亿元增至2025年的人民币64172亿元。2019年直播电商的商品交易总额占中国零售电商市场的4.2%，该占比预计将在2025年达到23.9%。

从快手科技的招股说明书中可以看到，2020年前6个月，公司是全球范围内以虚拟礼物打赏流水及直播平均月付费用户计最大的直播平台，也是以平均日活跃用户数计第二大的短视频平台。2017—2019年，快手直播打赏业务收入分别为79亿元、186亿元、314亿元，分别占总收入的95.3%，91.7%，80.4%。直播用户规模及日均使用时长：2019年中国直播平台的平均日活跃用户数达2.13亿，预计2025年规模将达5.13亿，每位日活跃用户的日均花费时长预计将从2019年的33.2分钟增至2025年的51.9分钟。以收入计的中国直播虚拟礼物打赏市场规模从2015年的人民币70亿元增至2019年的人民币1400亿元，预计2025年规模将达人民币4166亿元。

据报道，2020年11月1日是"双十一"活动启动的第一天，仅主播辛巴一人就完成了18.8亿元的销售额，薇娅的销售额为4.3亿元，李佳琦的销售额为3.1亿元，罗永浩的销售额为1.8亿元。

很多企业更是深度参与直播，希冀能为企业快速带来流量，最大程度提升品牌效应及销售。疫情期间，携程董事局主席梁建章以"携程BOSS直播"的活动方式销售旅行产品。截至2020年6月，15场直播总成交额达5.6亿元。格力电器董事长董明珠自2020年4月起共直播13场，截至2020年12月12日，格力电器的直播销售达476亿元。格力电器2019年年报营业收入2005亿元，13场直播的销售额即约占到了全年营收的24%。对于企业来说，从直播中得到的不仅仅是销售额，更是新零售转型的机遇。

从以上的数据中，我们可以非常深刻地感受到电商直播的强劲发展势头。网络技术发展的直播带货形式，减少了中间商业流通环节的交易成本，渠道变革已经形成了对传统营销模式的强烈冲击；同时，直播所吸引的参与方越来越广泛，一旦管理滞后，可能会引发更深远的社会问题。

总体而言，电商直播是一种必然趋势，不能无视或观望，也不能一味地迎合，而需要正确的引导和规范。直播是否将彻底颠覆传统经营模式？直播在技术进步和思维改变的作用下，其发展走向如何？直播会对各方的法律关系和法律责任产生怎样的影响？可能出现的问题会产生何种社会影响？上述内容将决定直播行业如何采取风险评估措施和合规管理体系。

二、直播的特点

（一）涉及的参与方较多

每一场直播至少可能涉及的参与方包括：直播平台、MCN（多频道网络产品形态）机构、主播、用户；电商直播还会涉及商家、服务商、供应链，更离不开政府部门的监管。主要的参与方情况如下。

直播平台是直播行业最主要的组织者、推进者。直播平台一般都需要巨大的投资成本付出，投入在平台建设（包括网络运维）、签约主播、直播（交易）方式设计、流量引导（包括广告投放）等各方面，最终高质量地向用户呈现直播。

MCN机构把专业内容和直播活动联合起来，保障内容的持续输出，包括负责对接商家及供应链、搭建运营团队、提供工作场地、整合各行业资源。

经纪机构（包括经纪公司和公会）主要是对接直播平台或MCN机构，负责培训主播、支持主播的日常直播活动。MCN机构往往也兼具经纪机构的工作。

主播就是直播中的主要角色，主要工作就是展示内容，及时互动，维护观众（粉丝）。在电商直播中，主播还需要参与选品，负责在直播中推介商品，促进成交。

（二）全民参与的"身边的直播"

对于"主播"来说，直播的门槛低，见效快，流量效应明显，不同个性、不同特点的人都能找到被需要的空间，帮助最平凡的人展现自我价值，实现很多人未曾想象的经济效益，以最快的速度实现人生梦想。

从这样的主播构成我们可以看到，主播们的背景、受教育程度和法律意识差异很大，"不自觉"侵权、恶意中伤、泄露隐私的情况很多，直播还可能迅速传播、放大不良影响，并且超出可控范围，造成不良后果。教育和规范成为管理的必需选项。

（三）成长迭代快

手机和网络技术的发展，还使得直播的形式发生着迅速的迭代，从秀场直播到游戏直播，当前最主要的是移动直播的形式，但已经有平台开始发展VR直播，并出现了虚拟直播的尝试。

在VR直播和虚拟直播的场景下，无论是主播还是观众，参与的深度在不断加大，需要采集参与者更多的私密数据信息，比如面部特征、指纹、手部数据、视网膜、瞳孔、步态、血管形状、DNA以及说话模式、性格特征、生活模式等，还可能基于这些隐私数据形成虚拟化身份。由此可能产生的风险无论是对当事人还是对整个社会都可能是强破坏性的，技术的快速迭代对于管理来说是个巨大的挑战，相关监管部门的管理必须是适度的、有前瞻性的，在各方享受便捷与保障权利中做好平衡。

三、当下直播出现的问题

直播可以带给参与者强烈的自我满足感，主播通过展现自我获得粉丝们的支持和"打赏"，而粉丝通过成就他人（主播）也可以在某种程度上实现自我。膨胀的心态在网络环境之中就使得参与者完全放松了警惕甚至是非意识，忽视规则和约束，更容易做出平时不敢做的违法行为。直播现在已经暴露出涉及民事、行政以及刑事等多方面的问题，并引发监管部门的高度关注。

（一）所涉民事纠纷多样化

1.主播跳槽纠纷频出

目前与直播相关的民事纠纷中，大部分为主播跳槽所引发。在直播发展初期，社会各方对直播产业的认识并不充分，一旦发生主播跳槽纠纷，法院更倾向于保护作为个体的主播，而忽视平台的作用与成本付出。但伴随着对直播产业认知的不断提高，法院的认定逐渐开始有了转变。比如，广州虎牙信息科技有限公司对其签约主播"嗨氏"（原名江海涛）跳槽至斗鱼提起网络服务合同违约之诉，法院最终作出了嗨氏向虎牙公司赔偿4900万元高额违约金的判决。

在这类案件中，还有平台为了更好地保护自己的利益，以反不正当竞争为由对主播和对方平台一并提起诉讼，并最终获得判决支持。当然，此类侵权纠纷在法律认定上应具备特殊的条件，也对当事方的举证有着更高的要求。

由于直播高度依赖主播，主播与经纪机构或直播平台关系的稳定性是最重要的，除了机构对主播的发掘、培训及资源支持，还需要进行准确的合同约定，规范日常工作的开展。

2.知识产权侵权纠纷

在激烈的竞争中，各主要平台都很重视知识产权的维权，当然自身运营中的知识产权问题也面临不少挑战。

北京爱奇艺科技有限公司于2017年以其享有著作权的作品点播服务被花椒直播侵害了其作品信息网络传播权为由，起诉花椒直播的运营方北京密境和风科技有限公司，获得法院的支持。虽然赔偿金额远低于诉讼请求费用，但得到了法院对侵权事实的认定。该案认定了直播平台的经营者对用户提供的内容应承担更高的注意义务和连带责任。

直播平台与内容平台之间的知识产权问题更为交错复杂。仅广州网易计算机系统有限公司与广州华多网络科技有限公司之间，就发生了计算机软件著作权纠纷、侵害著作权及不正当竞争纠纷、滥用市场支配地位及不正当竞争纠纷等多起侵权诉讼。其中的一起侵害著作权及不正当竞争纠纷案，法院判决华多公司向网易公司赔偿高达2000万元。事实上，直播平台与内容平台之间应该是互相依存的关系，网络的知识产权问题不易管理，但两类机构在自我规范管理的基础上完全可以建立更加灵活、互利互惠的合作机制，这才是持续性发展之道。

（二）各类涉及违法违规内容的直播层出不穷

据报道，有蔡姓奶茶店主为了交房租，进行大尺度直播，被检察院以传播淫秽物品牟利罪提起公诉。更为恶劣的是，有报道称，网名为"Reeflay"

的俄罗斯30岁男子，为了粉丝给出的"1000美金"打赏，先是暴力袭击了已怀有身孕的女友，然后将女友活活冻死在冰天雪地的户外，至医护人员和警察到场，整个直播过程历时两小时。

低俗、色情、暴力等违法违规行为一直是网络直播监察的重点，但仍有很多主播为了追求流量和收益，在网络直播中无限放大自己的虚荣心理和丑陋本性，平台组织、放任这种行为也无非是为了牟取暴利或者流量价值。从法律后果上看，主播不仅可能被列入黑名单、被禁止注册和开展直播，还可能被追究民事、刑事责任；网络直播平台则需要视其在这类直播中的地位承担不同程度的责任，包括民事连带赔偿责任、行政处罚、涉嫌刑事犯罪的法律责任。

（三）电商直播屡屡翻车

任某于2019年2月至4月通过直播及朋友圈宣传的方式销售可治疗颈椎、肩周炎等疾病的无药品批准文号的袋装黄色粉末，最终被法院认定其行为构成销售假药罪。

2020年"双十一"的狂欢热度还未消退，即爆出"辛巴燕窝造假事件"。事情源起于"职业打假人"王海将网红主播辛巴销售的燕窝产品送检后发现产品存在质量问题，后"辛巴"声明承认确实存在夸大宣传，并承诺"退一赔三"。"辛巴"确认共销售"茗挚"品牌燕窝产品57820单，销售金额为15495760元，为此将先退赔近6200万元。相关市场监督管理部门已对此事件开展立案调查，但调查范围将不仅限于销售的燕窝产品。[1]

2020年3月，国家市场监管总局等十一个部门发布《整治虚假违法广告部际联席会议2020年工作要点》，重点针对的是互联网广告和直播平台中

---

[1]《最新！广州市白云区市场监管局立案调查辛巴带货假燕窝事件》，中国消费者报微信公众号，2020年12月9日，https://xw.qq.com/cmsid/20201209A0DEN100。

虚假、违法广告的监管、整治工作。

近年来，对直播电商售假刑事案件的查处形势趋严。公安部门开展的"昆仑2020"专项行动中，共破获带货直播、网上店铺等渠道的假冒伪劣商品相关案件共1400起，其中在上海、山东、广东破获的3起大型造假案件中，涉事金额合计达到8.5亿元。[①]

（四）个人信息及隐私的泄露

曾有一家视频直播平台上，播出了全国多地校园的视频监控直播画面，学生在学校的所有行为都被监控、公开，网友还能对直播发布留言点评。学生的隐私泄露问题因此备受争议，该视频直播平台决定停止运营。

2018年8月有报道爆出网约车司机在搭载乘客行车途中直播。涉事网约车出行平台和直播平台均及时采取了整治措施。

在"全民直播""全时直播"的时代背景下，很多主播会将直播生活化，"路人"在未被告知的情况下即参与到"直播"中，直播当时个人的活动暴露无遗。在公共场合与公共利益无关的个人活动应属个人隐私，这样的直播事实上已构成侵权。

前面已谈到相应技术的应用，也将影响个人信息和隐私的保护，所以我们在应用相应技术的同时，保护个人的合法权益是毫无争议必须遵守的原则。

四、直播行业面临的挑战

（一）要重视价值观导向的引领作用

网络行为存在对结果的放大效应，直播平台和主播都应以向社会传播

---

① 李梦云：《立法先行 严格监管 助力网络直播走上健康发展之路》，中国产经新闻网，2020年11月18日，http://baijiahao.baidu.com/s?id=1683646823531629608&wfr=spider&for=pc。

正向价值为必须坚守的责任，以充分的实际行动抵制不良内容。一方面，要不断提升内容质量，提供有深度、有内涵的直播内容，直播节目的价值要与用户的有效需求相契合，起到价值观的引领作用；另一方面，应当将更新的技术、更多的资源应用在对违法违规内容的监管上，而不是用于对用户不断攀升的不当需求上。

（二）要重视思考直播所带来的"重构"的作用和结果

直播的出现正是顺应了互联网及通信技术的演进过程，但也重构了互联网社交及营销的商业模式，甚至可以说是颠覆性的。重构了包括平台、主播与用户之间的交互模式、信任关系、商业推广与营销渠道、供应链管理等方面，粉丝经济的开发、平台和主播自身的影响力管理、与直播相关的利益方管理等都是新的课题。

内容升级拉动消费升级，并助推产业升级才是直播行业发展的未来方向。

（三）要重视对直播尤其是电商直播趋严的行业管理

电商直播作为一个新兴产业，适用的规定在实践中仍有很多空白。2020年下半年，相关监管部门密集发布了多份监管规定，细化了电商直播中可能涉及的诸如直播方式、直播功能、直播营销记录、责任主体等方面的细则。

2020年6月，中国广告协会发布了《网络直播营销行为规范》；10月20日，国家市场监管总局下发《网络交易监督管理办法（征求意见稿）》；11月6日，国家市场监管总局发布《关于加强网络直播营销活动监管的指导意见》；11月13日，国家互联网信息办公室发布了《互联网直播营销信息内容服务管理规定（征求意见稿）》；11月23日，国家广电总局下发了《国家广播电视总局关于加强网络秀场直播和电商直播管理的通知》。各省市也将就具体工作的落实发布地方性的管理规定，比如浙江省网商协会于2020年11月制定出台了全国首个直播电商行业规范标准《直播电子商务管理规范》。

直播行业必将迎来国家严格监管的时代。

（四）要重视垄断与反垄断的博弈

2020年11月10日国家市场监督管理总局发布《关于平台经济领域的反垄断指南（征求意见稿）》，从其中的规定来看，网络直播（电商）平台显然适用于该《反垄断指南》。12月14日，国家市场监管总局在根据《反垄断法》的规定对阿里巴巴投资有限公司、阅文集团和深圳市丰巢网络技术有限公司做出行政处罚后，相关负责人接受记者采访时表示，正在依法审查广州虎牙科技有限公司与武汉斗鱼鱼乐网络科技有限公司合并等涉及协议控制架构的经营者集中申报案件。

从近几年的发展情况看，直播行业中头部效应突显，利用优势地位进行市场交易符合一般的市场经济规律，但为避免形成垄断，头部平台显然会被纳入严格监管的范畴，直播平台在经营中应当注意在这个问题上的取舍和平衡。

网络直播作为一种社会现象，经过了野蛮发展后，终要回归认知理性，走过了"流量为王"的阶段，必将迎来"内容为王"，而内容的合法性是保证内容得以输出的前提。同时，随着监管的深入和法律法规的完善，网络直播越来越需要去粗存精，对直播平台的要求也会越来越正规化、精细化。遵纪守法、合规运营是平台和主播们保持可持续发展的基础。直播的合规工作迫在眉睫。

第二节　什么是合规

一、合规的形成

"合规"在法律实务中的概念，很多人都认为源于巴塞尔银行监管委员会1999年6月公布的《新巴塞尔资本协议》征求意见稿（第一稿）中所提到的关于"合规风险"的定义。"合规风险"指的是银行因未能遵循法律法规、监管要求、规则、自律性组织制定的有关准则、已经适用于银行自身业务活动的行为准则，而可能遭受法律制裁或监管处罚、重大财务损失或声誉损失的风险。在银行业开始首先启动合规风险防范的相关工作并制定相关规则后，"合规"的概念向各行业领域展开。

目前，实务界普遍认可"合规"通常包含三个方面：（1）遵守法规，即企业要遵守经营活动所在地的规则性法律，企业活动最低限度的要求是符合"公共利益"。（2）遵守规制，即企业要制定并施行内部的规章和制度。（3）遵守规范，即企业正常的经营还要求企业员工遵守相应职业操守和道德规范。[1]

如果根据这样的概念内涵，我国开展合规工作的时间可以追溯到1992年，审计署发布的《关于对金融机构贷款合规性审计的意见》（以下简称

---

[1]王志乐：《企业合规管理操作指南》，中国法制出版社2017年版。

《意见》）。当然《意见》的行业应用性还是有限的。

2006年国务院国资委发布的《中央企业全面风险管理指引》（以下简称《指引》）中定义了"企业风险"的概念，以及"全面风险管理"的内涵，将企业风险划分为战略风险、财务风险、市场风险、运营风险和法律风险，某种程度上已经涵盖了"合规"的风险范围。《指引》规定了风险管理工作的基本流程，包括收集初始信息、进行风险评估、制定风险管理策略、提出和实施解决方案、监督与改进。《指引》还提出了"内部控制系统"和"风险管理文化"的概念，这些现在都已经是开展合规工作的规定动作了。

在我国，对央企的合规管理工作一直高度重视、紧抓不懈。2015年，国务院国资委颁布《关于全面推进法治央企建设的意见》，要求央企应当"加快提升合规管理能力"；2016年，国资委印发《关于在部分中央企业开展合规管理体系建设试点工作的通知》，要求在中国移动等5家中央企业开展企业合规管理试点工作；2017年，中央深化改革领导小组第三十五次会议审议通过《关于规范企业海外经营行为的若干意见》，提出要"规范企业海外经营行为""加强企业海外经营行为合规制度建设"；2018年底，国资委颁布《中央企业合规管理指引（试行）》，国家发改委等七部门联合颁布《企业境外经营合规管理指引》；还有诸如《关于推进中央企业廉洁文化建设的指导意见》《国有企业领导人员廉洁从业若干规定》等工作细则。另外，国家标准化管理委员会发布了《合规管理体系指南》（ISO19600）。这些都意味着我国的合规工作开始与世界接轨，国内合规工作的全面推进从央企的规范与执行开始，有了自己的适用体系。

二、合规的意义

在企业中开展合规工作确实不是简单操作即可完成的任务，合规工作不仅涉及企业的每个部门也可能包括每一项业务，工作的成本和代价也不可忽视。那么，开展合规管理的意义又在于什么呢？

2014年12月，化妆品直销公司雅芳就其被控违反美国《反海外贿赂法》一案，以其缴纳罚金1.35亿美元为代价，与美国证券交易委员会和美国司法部达成最终和解。美国证券交易委员会称，雅芳向中国官员行贿9600笔，行贿总额165万美元，还多次向中国官员赠送礼品和报销娱乐消费费用。事情曝光于雅芳全球CEO接到的内部举报，而从公司内部调查开始至与政府达成和解前，雅芳已支出包括调查费用在内的各类损失3.44亿美元。[①]

2014年，葛兰素史克（中国）投资有限公司因大肆贿赂医院、医生、医疗机构、医药相关协会组织的相关人员，被湖南省长沙市中级人民法院认定构成单位向非国家工作人员行贿罪，对公司判处罚金人民币30亿元，公司直接负责的相关人员被判处有期徒刑。[②]

在传统业务经营过程中，如同前述案例一样，因为违反反腐败相关法律、违反不当竞争相关法律、违反商业秘密义务，员工的舞弊与渎职行为以及违反诚信经营原则等的案例时有发生。而随着互联网产业的发展，因违反网络安全法以及传播违法有害信息的违法行为被立案并被查处的案例也逐渐增多。

[①]黎史翔：《雅芳承认在华行贿14起　同意支付1.35亿美元以和解》，《法制晚报》，2014年12月26日。
[②]温丹阳：《企业合规典型案例：葛兰素史克行贿案》，北大法宝智慧法务研究院，2020年6月23日，https://new.qq.com/rain/a/20200623A0L79G00。

菏泽市公安局查处了一起网络运营者不履行网络安全保护义务、未要求注册用户提供真实身份信息的违法案件，对违法公司处以6万元罚款和责令停业整顿的处罚，对直接负责的主管人员罚款5000元。[①]

2020年6月，国家网信办、全国"扫黄打非"办等八部门开展网络直播行业专项整治行动，对"皇冠直播""嗨够直播""UP直播""月爱直播"等44个传播涉淫秽色情、严重低俗庸俗内容的违法违规网络直播平台，分别采取约谈、下架、关停服务等处罚措施。

国家网信办自11月5日起组织开展移动应用程序信息内容乱象专项整治，12月8日首批清理下架猫途鹰、苏格、面具公园、剧能玩、视界等105款违法违规移动应用程序。

从这些不完全统计的案例中可以看到，不执行合规管理的企业，合规风险引发的问题随时可能爆发，即使有些处罚的力度有限，但也会一定程度上造成对正常经营的阻碍，更无法预见企业在风险控制方面的未来管理可能。按照国家标准《合规管理体系指南》（ISO19600）引言所称，建立有效的合规管理体系并不能杜绝违规行为及风险的发生，但是能够降低违规发生的风险概率及减少可能造成的不良影响和损失。合规管理是企业稳健经营的必然要求，防范违规风险、规避违法违规的处罚发生，避免企业可能因为某一点或某一方面的问题触发对公司的不利影响或损失。

合规管理需要关注到企业经营中的各个环节，以此制定出合理的规程或制度，制度化、流程化则可以起到控制企业运营管理成本的作用。合规管理不仅要有目标、有标准、有制度，还要融入业务才能有效落地，除了

---

①菏泽公安：《违反〈网络安全法〉，网络公司被罚60000元、法人被罚5000元，停业整顿！》，游侠安全网，2019年9月27日，http://www.youxia.org/2019/09/47997.html。

需要建立相应的合规管理组织架构，还要进行有效的人员管理。其中，合规文化的建设有利于加强员工对企业文化的认同，有利于员工更自觉地执行合规管理要求。

合规管理通过提升企业在经营管理上的合法合规性，可以最终保证企业资产安全、效率提升，企业依法合规、诚信经营的价值观也必将为企业创造良好的信誉和形象。

合规管理为全球尤其是欧美企业所普遍认可并执行，并形成多个国际标准和准则，中国企业参与到国际市场中，自身的经营活动必然会受到合规监管的国际性挑战。如果中国企业能够有意识地健全合规管理体系、实施合规管理，无疑将增加自身参与国际市场竞争的核心竞争力。

三、合规的内容

马勒集团总部位于德国，创立于1920年，是汽车行业的开发伙伴和零部件供应商。以下是这家欧美企业标准的"合规"管理展示，其中包括合规的基本内容。[①]

为确保整个马勒集团的经营活动遵循道德准则和法规要求，我们采取了全球化的合规结构。该结构包括：

（1）一个具有区域关系网和中央举报渠道的全球合规性组织；
（2）《马勒商业行为准则》，以确保员工行为符合法律法规的要求；
（3）防范措施；（4）一套培训方案，加强员工在合规风险方面的意识；
（5）确保合规体系可持续性的相关措施。

《马勒商业行为准则》是马勒合规体系中的一部分，旨在为马勒集团

---

① 详见马勒投资（中国）有限公司官网：http://www.cn.mahle.com/zh。

所有员工（包括总监和高管在内）制定行之有效的法律和道德框架。

基本的合规管理需要涵盖所有利益相关方，需要有合规风险及相应的合规行为要求、合规风险防范措施、合规培训制度和合规体系的运行保障机制及合规风险发现渠道。

合规管理工作的开展主要包括：（1）企业合规管理体系的建设或重塑：合规管理体系的现状评估；确定合规管理的需求与目标；企业经营模式与业务流程的梳理；确定合规管理体系的工作范围；进行合规风险的识别、分析与评价；设计合规管理组织架构；编制各项合规管理制度；制定合规风险防范措施；设置合规风险的举报、调查与处罚决定执行机制。（2）企业合规管理体系的维护发展：制定合规文化的基本制度；开展合规培训；进行合规文化的宣传；出具企业的年度合规报告；评价与改进合规管理体系。

具体到每个企业，都应当针对企业自身情况确定自己的合规目标，并细化具体工作，也可以根据企业的不同发展阶段确定合规工作范围、适用的合规措施。

四、直播合规的重要性

从司法实践来看，直播行业涉及的纠纷已从劳动纠纷发展到合作纠纷、买卖纠纷，还涉及侵权纠纷、知识产权与竞争纠纷，说明风险的发生已经波及直播行业的方方面面，已经对直播行业的健康快速发展造成了不利影响。对于管理不规范、抗风险能力弱的企业来说，个别风险事件的发生都可能使企业遭受致命打击。而合规体系建设对企业的优化作用是不区分企业的行业属性的，直播行业引入合规就成为企业提高管理水平、防范风险最正确的选择，这将是直播企业软实力的重要体现，符合企业自身发展的内在需要。

本书将针对直播行业，专章论述直播可能涉及的不同方面的合规问题，包括直播带货的合规、直播合同管理的合规、直播知识产权的合规、直播的刑事合规、直播的税务合规。

第二章

直播行业带货合规

第一节　产品质量

一、直播带货与产品质量概述

直播带货是近年来新兴的销售业态，获得不少消费者的追捧。随着直播带货行业的快速发展，诸如销售假冒伪劣产品、虚假宣传、售后服务不完善等一系列问题不断产生。

2020年3月31日，中国消费者协会发布了《直播电商购物消费者满意度在线调查报告》，在"没有使用电商购物原因"这一调查中，"担心商品质量没有保障"这一原因占比高达60.5%。[①]笔者认为，产品质量的合规是直播带货行业能够健康良好发展的重要因素。商家、主播、直播平台等作为直播营销行为的参与者，尤其应注重产品质量问题。

2020年6月24日，中国广告业协会发布了《网络直播营销行为规范》（以下简称《规范》）。该《规范》第五条明确要求网络直播营销活动应严格履行产品责任，严把直播产品和服务质量关[②]。

---

①中国消费者协会：《直播电商购物消费者满意度在线调查报告》，中国消费者协会，2020年3月31日，http://www.cca.org.cn/jmxf/detail/29533.html。
②《网络直播营销行为规范》第五条：网络直播营销活动应当全面、真实、准确地披露商品或者服务信息，依法保障消费者的知情权和选择权；严格履行产品责任，严把直播产品和服务质量关；依法依约积极兑现售后承诺，建立健全消费者保护机制，保护消费者的合法权益。

直播带货中，商家作为产品的生产者或销售者，受到《产品质量法》和《食品安全法》的规制，是毋庸置疑的。主播在不同的带货模式下具有多重身份，其可能是生产者、销售者，也可能是广告经营者、广告发布者或广告代言人。当主播作为生产者或销售者时，同样应当遵守《产品质量法》和《食品安全法》的规定；当主播作为广告经营者、广告发布者或者广告代言人时，因产品质量或食品安全导致消费者的合法权益受到损害的，在《广告法》规定的不同条件下，主播也应当承担相应的法律责任，而直播平台也同样会因其自身模式及带货性质的差异，从而在产品质量上产生不同的法律责任。

二、直播带货中的产品质量问题

相较于消费者直接在商家店铺下单购买，通过直播间购买相同的产品更具有价格优势。由于不少主播直播场次频繁，带货产品数量又多，主播或其背后的选品团队没有足够的时间对产品进行深入地了解或试用。主播为了吸引消费者购买，便对产品进行夸大、虚假描述等诱导性宣传，利用其影响力让消费者下单，导致消费者收到的产品实际质量与主播在直播间的描述存在着巨大差异。

同时，直播间"翻车"事件也频频发生，如李佳琦直播间的不粘锅现场粘锅、雪梨直播间的烧水壶爆炸以及辛巴销售"糖水燕窝"事件等，也让消费者不断质疑产品质量问题，担心在直播间购买的产品质量和安全无法得到保证。

2020年11月5日，市场监管总局制定出台《市场监管总局关于加强网络直播营销活动监管的指导意见》。该《意见》第四条第十项指出："要依法查处产品质量违法行为。针对网络直播营销中售卖假冒伪劣产品等问题，依据《产品质量法》，重点查处在产品中掺杂掺假、以假充真、以次充好、以不合格产品冒充合格产品、伪造产品的产地和伪造或冒用他人厂名厂址等违法行为。"[①]

因此，无论是商家、主播还是直播平台，都应重视产品质量，切实履行好自己的责任和义务，保护消费者的合法权益，共同促进直播带货行业行稳致远。

三、不同直播带货模式下的产品责任承担

（一）"店铺直播"模式下因产品质量承担责任

中国消费者协会于2020年3月31日发布的《直播电商购物消费者满意度在线调查报告》显示，"通过观看直播转化为购物的原因"中，"商品性价比高"和"价格优惠"分别排在第一位和第三位。[②]从中可以看出，消费者选择在观看直播中购物很大原因在于产品价格低。因此，很多直播间不仅仅是人气和流量的比拼，更是低价竞争。商家为了保证利润，在原材料上做手脚从而降低成本，向消费者销售不符合产品质量要求的产品。

《产品质量法》第三十九条规定：销售者销售产品，不得掺杂、掺假，不得以假充真、以次充好，不得以不合格产品冒充合格产品。商家如果违反上述规定或合同中关于质量的约定，则有可能承担侵权责任或违约责任。

[①]国家市场监督管理总局：《市场监管总局关于加强网络直播营销活动监管的指导意见》。

[②]中国消费者协会：《直播电商购物消费者满意度在线调查报告》，中国消费者协会，2020年3月31日，http://www.cca.org.cn/jmxf/detail/29533.html。

【案例】刘定策与杭州夜雪电子商务有限公司网络购物合同纠纷一案①

杭州夜雪电子商务有限公司（以下简称"夜雪公司"）系天猫店铺"youngdot韵动星旗舰店"的经营者。刘定策在"youngdot韵动星旗舰店"的直播间下单购买了一件玉石类产品，主播在直播间介绍该产品材质为"籽料"，并承诺"假一赔十"。刘定策收到该产品后，对产品材质为"籽料"表示质疑，告知商家其拟委托鉴定机构对产品进行鉴定，如果鉴定为籽料，鉴定证书中会明确标注"子玉"；如果鉴定不是籽料，则不会标注"子玉"。商家表示同意，并认可刘定策将产品送至权威鉴定机构进行鉴定。经鉴定机构检测，该产品并非和田玉籽料。刘定策向商家提出退货退款的申请，商家拒绝。刘定策遂以夜雪公司违反网络购物合同为由，将店铺经营者夜雪公司诉至杭州互联网法院。

法院裁判：（1）夜雪公司向刘定策返还货款5478元及邮费78元，刘定策向夜雪公司退还案涉商品。（2）夜雪公司承担"假一赔十"的违约责任，向刘定策赔偿54780元。

本案中，主播在夜雪公司天猫店铺的直播间内带货，直播间内的链接可直接跳转至商家店铺，消费者系通过直播间内的链接下单购买。因此，买卖关系发生在消费者与商家之间。根据合同相对性原则，商家作为一方当事人，应当全面履行合同义务，向消费者交付符合质量约定的产品。

主播在本案中虽未承担责任，但主播在直播中对产品材质为和田玉籽

①杭州互联网法院（2018）浙0192民初10442号民事判决书，杭州市中级人民法院（2020）浙01民终3789号民事判决书。

料的描述、"假一赔十"的承诺，则构成网络购物合同中质量及违约责任的内容，对商家具有法律约束力。因此，商家提供的产品不符合质量约定的行为构成违约，消费者可以要求商家承担违约责任。

我们认为，商家是直播带货中提供产品的主体，是把控产品质量的源头。商家作为产品的生产者或者销售者，应保证生产、销售的产品符合产品质量的相关规定。在上述案例中，主播可能是受雇于商家的员工或者本身就是商家的负责人，那么主播在向直播间的观众介绍产品时，要尽到如实告知的义务，不得虚假描述产品质量、夸大宣传产品功效等，保障消费者的知情权和选择权。

当商家选择让网红主播带货，在向主播及其团队介绍产品的时候更要真实、准确，同样要如实告知产品的质量、性能、功能、销售状况、用户评价等，切不可为了利益隐瞒、欺骗甚至误导消费者。

（二）个人社交平台直播因产品质量承担责任

随着短视频内容平台的发展，一大批网络主播积累了大量粉丝，从传统的"打赏、刷礼物"变现方式逐渐转变成直播带货的模式。部分粉丝并不仅仅出于喜欢产品而下单，更是基于对主播的喜爱和信任而去购买产品。主播的准入门槛较低、涵盖群体较广，小部分主播法律意识淡薄，导致销售欺诈、提供缺陷产品等行为时有发生。

【案例】王林林与许智怡、北京快手科技有限公司网络购物合同纠纷一案①

许智怡是一个女主播，北京快手科技有限公司（以下简称"快手公

---

①北京互联网法院（2020）京0491民初7972号民事判决书。

司"）系快手App的运营方。某日，许智怡在快手直播时向观看直播的粉丝们出售手机，她介绍这款苹果手机的官方售价约为10000元，由于自己已使用了数月，因此以4000—5000元的价格出售，有意向购买的可以加其微信联系。半小时后，王林林添加了许智怡的微信，向其询问了手机的版本、价格及交易方式。王林林通过微信转账方式将手机价款支付给许智怡。王林林收到手机后发现是仿冒的山寨手机，联系许智怡要求退货。许智怡表示需找到下家才可退货，后将王林林的微信拉黑。于是，王林林向快手App平台投诉举报，平台封禁了许智怡的快手账号。几日后，王林林发现许智怡仍在直播。通过各种方式无法找到许智怡本人后，王林林遂以网络购物合同纠纷为由将许智怡、快手公司诉至北京互联网法院。

裁判结果：（1）法院判决解除王林林与许智怡之间的网络购物合同。（2）许智怡向王林林退还手机价款4000元，并承担3倍惩罚性赔偿责任，向王林林赔偿12000元，同时向王林林赔偿因维权支出的合理费用。（3）因快手公司收到举报后及时对许智怡的账号作了封禁处理，且尽到了平台提示和监督的义务，故在本案中不承担责任。

本案的争议焦点为：（1）主播许智怡是否为经营者；（2）主播许智怡在直播间销售手机且私下交易这一行为是否属于经营行为。这关系王林林是否有权根据《消费者权益保护法》的规定要求许智怡承担惩罚性赔偿责任。

本案中，法院最终认定主播许智怡为经营者以及其行为构成经营行为。

《消费者权益保护法》第三条规定，经营者是为消费者提供其生产、销售的商品或提供服务的。许智怡通过快手平台销售手机，符合《电子商务法》第九条第三款规定的"电子商务平台内经营者"身份，即"通过电子商务平台销售商品或者提供服务"，则当然也应被认定为《消费者权益保护法》中规定的经营者。且许智怡在直播期间，直播间内一直挂有"小黄车"，说明其系利用直播身份不断为商家导流，表明她有对外出售产品获利的主观意图。[①]

许智怡在直播间出售手机，王林林除了对商品本身的认同外，更重要的是基于对主播的信任才选择购买的。虽然许智怡在平台外私下交易，但仍可视为其利用了主播的身份导流并实现流量变现，在经营模式上与直接销售类、第三方跳转类直播带货行为并无本质区别，[②]故主播许智怡在本案中的行为构成经营行为。由于许智怡向王林林出售假冒苹果手机的行为构成欺诈，因此王林林有权根据《消费者权益保护法》第五十五条的规定，要求许智怡按商品价款的3倍赔偿。

我们认为，直播平台为直播带货提供了技术服务，其中包括电商平台、社交平台、内容平台，都应当对入驻的主播、商家的主体身份予以严格审核，并进行登记、建档。对关系消费者生命权、健康权的商品，更要对商家的资格、资质进行严格的审查。同时，平台要建立全面的评价机制，加强对主播、商家的监管，不能仅关注粉丝影响力、带货销售额，更要将诚信、合法合规等列入评价体系。平台还需要建立完善的投诉处理及严格的惩罚机制，对于举报、投诉的侵害消费者权益的行为应当及时采取必要的措施，将违法违规情节严重的主播或商家拉入黑名单，取消其直播带货的资格，切实强化主播、商家的合规意识。

---

①郭晟、刘承祖：《直播带货售假机，主播一审被判欺诈》，北京互联网法院，2020年9月21日，https://mp.weixin.qq.com/s/xd-blaMrH8scFc5o8bvgyw。

②同上。

（三）主播自营店铺带货因产品质量承担责任

越来越多的主播拥有了大量的粉丝后，就会开自己的淘宝店铺，从而将粉丝转化为购买力。主播在自营的店铺里直播带货，首先应当对其产品质量负责。主播作为品牌商、生产商或者销售商，其提供的商品质量必须符合法律的规定，保证与其直播的内容相一致。

【案例】鹿贺与付亚丽网络购物合同纠纷案①

鹿贺从淘宝网进入用户"羽心SARA"的直播间，付亚丽系主播及淘宝店铺"羽心SARA彩妆店"的经营者。鹿贺通过直播间内的链接进入上述店铺并下单购买了若干件化妆品。主播付亚丽在直播间介绍说，该化妆品为韩国生产，购买后会从韩国发货。原告收到化妆品后，发现化妆品瓶身及其包装上均无中文标签，且通过物流查询，上述化妆品的发货地为广东省深圳市、辽宁省大连市，与主播在直播间的描述不符。鹿贺认为店铺存在虚假宣传、销售不符合国家标准的化妆品及销售欺诈行为，于是向商家提出退货退款申请。因多次联系商家退货退款无果，鹿贺遂以网络购物合同纠纷为由，将店铺经营者付亚丽诉至法院。

裁判结果：法院判决付亚丽向鹿贺退还全部货款474元，并向鹿贺支付3倍赔偿金1422元。

本案中，主播付亚丽系店铺"羽心SARA彩妆店"的经营者，她在淘宝直播间系为其自营店铺带货。此种带货模式下，付亚丽兼具主播和商家双重身份，必然要承担《消费者权益保护法》中规定的经营者的责任。由于

---

① 徐州市泉山区人民法院（2019）苏0311民初461号民事判决书。

鹿贺收到的化妆品外包装上均无中文标签，不符合国家对境内销售化妆品的通用标签的强制性规定，属于禁限售商品。因此，鹿贺有权要求商家退货并赔偿。付亚丽在本案中承担责任并非因其主播身份，而是基于销售者这一身份。

我国的法律对食品药品等产品质量的要求更高，相应的赔偿责任也更为严格。化妆品是可参照适用食品药品纠纷的相关规定的，如果化妆品因不符合安全标准导致消费者受到损害的，消费者除了要求赔偿损失外，还可要求商家支付化妆品价款10倍或受到损失3倍的赔偿金。

如果主播直播带货的行为构成虚假广告的，主播可能作为广告经营者、广告发布者或者广告代言人，承担《广告法》中规定的责任。

我们认为，主播在不同的直播带货模式下，扮演着不同的法律角色，不同的法律角色决定着主播不同的权利、义务和责任。直播前，主播或其团队会对带货的产品进行筛选，这个过程称为"选品"。在选品的过程中，主播或选品团队应对产品的质量进行把关，切身体验、试用后再向消费者推荐。在选择商家合作时也应提高风险防范意识，严格审核各类资质、授权等证书。主播是在直播中与消费者直接互动交流的人员，要解决消费者与商家之间信息不对称的问题。主播在直播带货中，要对产品信息做真实的披露，要客观公正地介绍描述，不得对产品进行虚假宣传，误导、欺骗消费者。

主播服务机构（如MCN机构）应当建立起完善的内部管理规范，定期组织开展直播合规培训，加强主播们的法律意识，对签约主播的直播内容、行为等进行规范管理。

第二节　消费者权益保护

一、消费者权益保护维度下的主播

（一）主播的定义及特征

1.主播的定义

目前，我国暂无法律法规对主播予以明确定义，但在中国广告协会最新出台的《网络直播营销行为规范》中具体规定了主播的定义。该《规范》虽仅是行业规范，但对准确定义主播的概念具有较高参考价值。在网络直播营销活动的过程中，直接与用户进行互动交流的人员，就是《网络直播营销行为规范》对主播的明确定义。

2.主播的特征

直播带货行业的主播至少应具备以下两个特征：（1）利用互联网技术，采取网络直播的方式进行商业营销活动；网络直播平台主要有快手、抖音以及微拍堂等。（2）主播在商业营销过程中，直接与网络直播平台的用户进行互动交流；常见的主播与用户互动交流的方式通常有"点击关注""给主播打赏或刷礼物""加粉丝团"以及推介特定商品或服务等。

（二）主播的行为规范

1.入驻电子商务平台时应遵守的行为规范

主播入驻电子商务平台时，应主要遵守以下行为规范：（1）主播要树立法律意识，并具备与直播带货有关的专业技能。（2）电子商务平台应当要求入驻平台的主播提交真实有效的本人联系方式、身份信息等，在发生变更时应及时告知电子商务平台，电子商务平台收到主播的告知后应及时审核更新。（3）主播不得随意将注册账号转让或出借给他人使用，除非法律、法规或国家有关规定另有规定。（4）电子商务平台应当对入驻平台的主播进行实名认证，所用的主播昵称、直播间封面、直播账户名称以及主播头像等不得违反法律、法规和国家有关规定。

2.直播活动中应遵守的行为规范

主播在直播活动中，应主要遵守以下行为规范：（1）直播间或直播场所必须符合法律法规以及电子商务平台规则要求，不得涉及国家及公共安全，不得影响社会正常生产秩序，不得影响他人正常生活等；直播间或直播场所涉及商业广告的，应当遵守《广告法》的相关规定。（2）直播过程中要防止出现违法违规或违反道德的不当言行，不得带有性暗示或低级趣味，不得恶意侮辱或诋毁他人，不得在直播过程中吸烟或宣传烟草制品等。（3）在直播活动推销的商品或服务要真实、合法，不得虚假宣传，禁止误导或欺骗消费者；法律法规明确规定需要明示消费者生命安全的商品信息，应当在直播过程中对消费者予以必要、清晰的提示。

（三）主播法律责任难点问题的分析

1."接受其他经营者委托带货时"的法律责任

"接受其他经营者委托带货"是指主播利用自身形象、影响力、网络流量，接受特定商品或服务经营者的授权委托，通过网络直播的方式对该商品或服务的基本情况、体验效果、售后服务等内容做推广、介绍，通常以抽取销售金额一定比例或一次性出场费作为佣金。在此种情形下，可能导致主播会形成广告发布者、广告代言人、广告经营者等多重身份竞合，进而导致法律责任上的竞合。此时，消费者可根据实际案情，基于最大限度地维护自身合法权益的总体目标，选择适用主播的其中一种（类）身份，有针对性地设计并实施诉讼、仲裁方案。

2. "为自己的商品或服务带货时" 的法律责任

"为自己的商品或服务带货" 是指主播利用自身形象、影响力、网络流量，将自己经销或提供的特定商品、服务，通过网络直播的方式对该商品或服务的基本情况、体验效果、售后服务等内容做推广、介绍，所得收入由主播享有。在此种情形下，可能导致主播形成企业主、广告主、广告发布者、广告代言人等多重身份竞合，进而导致法律责任上的竞合。换言之，如果主播在带货过程中侵害了消费者合法权益，消费者可以向主播主张赔偿责任，但必须依据主播带货过程中的违法、违规行为的法律性质，去选择适用《消费者权益保护法》《电子商务法》《广告法》或《食品安全法》等法律法规。由于在此种情形下涉及的法律法规较为繁杂，故对普通消费者而言，难以准确判断适用哪个法律法规最能保护自身合法权益。此时，需要专业律师第一时间介入，分析研判侵权行为的法律性质，选择适用最有利于保护消费者权益的法律法规维权。

笔者观点认为当主播在 "为自己的商品或服务带货" 时，带货主播属于《消费者权益保护法》下的经营者（也即销售者），其带货行为本身已构成以与消费者达成交易为目的而实施的民事法律行为，故在诉讼、仲裁时带货主播相对于普通消费者而言，应当对其所销售商品或所提供服务承担较高的法律义务。

3. "为其所属的企业或单位带货时" 的法律责任

"为其所属的企业或单位带货" 是指主播根据所属企业或单位的指派，利用自身形象、影响力、网络流量，将自己经销或提供的特定商品、服务，通过网络直播的方式对该商品或服务的基本情况、体验效果、售后服务等内容做推广、介绍，所属企业或单位向主播支付相应工资报酬。根据《民法典》第一千一百九十一条之规定，用人单位的工作人员在执行工作任务时对他人造成损害的，应当由用人单位承担侵权责任；用人单位在承担侵权责任后，可以再向有故意或者重大过失的工作人员进行追偿。由此可见，主播在执行所属企业或单位指派的直播带货任务时，对消费者造成损害的，用人单位应当承担侵权责任。主播在执行所属企业或单位指派的直播带货过程中，如有故意或者重大过失的，用人单位可在对外承担侵权赔偿责任之后，再向主播主张追偿权。此外，在现实生活还可能会出现主播未经许可擅自超出所属企业或单位的授权范围进行直播带货行为，对消费者造成损害，但消费者却不知情，在此种情形下应当优先保护不知情的第三人（消费者），即仍视为主播超授权范围的直播带货行为为职务行为，所属企业或单位应当先向消费者承担损害赔偿责任之后再向主播追偿。

二、消费者权益保护维度下的平台内经营者

（一）平台内经营者的定义及特征

1.平台内经营者的定义

《电子商务法》第九条对平台内经营者进行了准确定义，即通过电子商务平台提供服务或者销售商品的电子商务经营者。另外，中国广告协会《网络直播营销行为规范》第十九条也有相关定义，即在互联网直播营销中提供服务或者销售商品的商业主体。值得注意的是，最近几年国内各大主流电子商务平台已陆续孵化出许多网络直播营销主播服务机构，要注意与平台内经营者进行区分。所谓网络直播营销主播服务机构，是指专门从

事培训网络主播并协助其开展网络直播营销活动的专业服务机构，较为典型的是MCN机构（Muti-Channel Network），MCN机构通常与主播签约，由MCN机构负责对主播进行形象设计、能力培训、流量变现等一条龙服务，并根据协议约定获取经济利益。

2.平台内经营者的特征

直播带货行业的平台内经营者，至少应具备以下两个特征：（1）利用他人的电子商务平台，通过网络直播的形式开展商业营销活动。（2）商业营销主要以销售商品或者提供服务为主。

（二）平台内经营者的行为规范

1.入驻电子商务平台时应遵守的行为规范

平台内经营者入驻电子商务平台时，应主要遵守以下行为规范：（1）平台内经营者要树立法律意识，具备与所提供的商品或服务相关的营业执照、资质或行政许可等。（2）平台内经营者应向电子商务平台提供真实有效的主体信息、联系方式等，如发生变动，应及时告知电子商务平台审核更新。（3）平台内经营者应当向电子商务平台提供与所提供的商品或服务相关的真实、有效的商标注册证明、品牌特许或授权销售证明等。

2.营销过程中应遵守的行为规范

平台内经营者在营销过程中，应主要遵守以下行为规范：（1）必须符合法律法规以及电子商务平台规则要求，禁止侵犯电子商务平台或第三方合法权益，禁止提供违禁服务或商品等；如提供服务或销售商品属于商业广告的，应当严格遵守《广告法》的有关规定。（2）所提供的服务或销售的商品必须合法、真实，消费者的知情权必须得以保障，禁止虚假宣传，禁止误导或欺骗消费者；涉及产品或服务规范标准的，应当符合国家、行业团体标准。（3）在销售保健食品、药品、医疗器械等特许商品或提供特许服务时，必须已具备相关资质或特许经营许可。（4）积极履行对外做出的承诺，依法履行保修、退换或退货等售后服务，切实保障消费者合法权益。

（三）平台内经营者法律责任难点问题的分析

1.如何理解"砍单毁约"事件背后的法律责任

（1）在实践中，一些电子商务平台经常开展网络直播低价营销活动，有的平台是给一些补贴，但也有平台是由平台内经营者自行承担，平台内经营者为了完成平台派发的任务，经常亏本销售。因此，平台内经营者"砍单毁约"的案件频频出现也不足为奇了。"砍单毁约"是指网络直播营销活动中，消费者下单购买相关商品或服务并完成支付价款后，平台内经营者却以商品缺货、系统错误、尺码无法配货等不合理的理由进行毁约的行为。（2）根据《电子商务法》第四十九条的规定，平台内经营者发布的商品或者服务信息如果符合要约条件的，消费者可选择该商品或者服务并向平台提交订单成功的，合同立即成立。因此，"砍单毁约"的违约责任应由平台内经营者承担。（3）平台内经营者采用格式条款的方式排除自身违约责任的，格式条款无效。

2.案例分析

某消协在全市范围内广泛征集网络直播平台"砍单毁约"案例50多件。分析后发现有60%以上的"砍单毁约"案例发生在平台内经营者环节，毁约的主要理由集中在商品缺货、系统错误、尺码无法配货等问题。例如，某消费者在某普洱茶专卖直播间以打五折的超低优惠价拍下一提（七饼）"老班章"古树纯料普洱茶饼，该商家事后"砍单毁约"，双方协商不成诉至法院。商家提出平台电子交易协议已将格式条款明确规定，消费者下单并支付价款后，需要商家最后确定能否发货，合同方可生效成立。因此，主张该交易行为无效，商家不承担违约责任。实务中，法院通常会依据《电子商务法》第四十九条有关规定，认定格式条款无效，判决平台内经营者承担违约责任。

三、消费者权益保护维度下的电子商务平台经营者

（一）电子商务平台经营者的定义及特征

1.电子商务平台经营者的定义

《电子商务法》第九条对平台经营者进行了准确定义，即在电子商务中为交易双方或者多方提供撮合交易、网络经营场所、电子商务信息发布等服务，供交易双方或者多方独立开展交易活动的非法人组织或法人。另外，中国广告协会《网络直播营销行为规范》第三十条也有相关定义，即是在网络直播营销活动中提供直播技术服务的相关社会营销平台，包括电商平台。

2.电子商务平台经营者的特征

直播带货行业的电子商务平台经营者至少应具备以下三个特征：（1）利用自身的网络社会营销平台，为网络直播带货的交易各方提供交易信息发布、网络营销场所以及撮合交易等专业服务。（2）电子商务平台经营者对网络社会营销平台具有实际控制权。（3）电子商务平台经营者对利用其网络社会营销平台进行交易活动的各方收取相应费用作为报酬。

（二）电子商务平台经营者的行为规范

1.积极履行社会责任

（1）电子商务平台经营者在经营网络直播营销平台时，应当积极参与电子商务行业标准化，从业人员资格培训、职业道德以及行业发展规划等促进行业健康发展的社会活动。（2）利用电子商务平台的自身优势，积极

组织或共同参与振兴农村、扶贫救灾、帮扶弱势群体等社会公益活动。

2.建立健全电子商务平台机制及规则

电子商务平台经营者应当建立健全电子商务平台机制和规则，具体如下：（1）建立健全电子商务平台标准服务协议，进一步明确主播、平台内经营者准入、退出机制，消费者权益保障机制，网络直播营销行为准则等。（2）建立健全电子商务平台交易信息电子存档制度。（3）制定电子商务平台网络直播营销的正面清单与负面清单规则。（4）设置争议解决机制，确保平台内发生争议时第一时间由专人介入处理；建立健全举报、投诉机制并公开举报、投诉联系方式，对举报、投诉应及时处理。（5）建立主播、平台内经营者信用评价管理机制，对违法违规、不守信的主体依法进行信用惩戒。

3.强化电子商务平台管理水平

电子商务平台经营者应强化平台管理水平，具体如下：（1）加强对主播直播营销行为的监管，禁止主播通过淫秽表演、传销等违法违规行为开展非法网络直播营销活动。（2）切实把好入驻平台的准入关，对不符合入驻准入资格的主体严格禁止进入；对入驻后变更的相关资质、行政许可等信息，应及时复核并将变更信息公开在平台页面上。（3）加强与工商局、市场监管部门、新闻媒体及行业组织和消费者组织的密切合作，对其反映的问题应及时处理并予以反馈，定期听取其对平台治理生态提出的优化建议与意见。

（三）电子商务平台经营者法律责任难点问题的分析

1.如何理解"电子商务平台经营者的连带责任"问题

《电子商务法》第三十八条第一款明确了电子商务平台经营者具有对平台内经营者侵害消费者合法权益行为进行制止的义务。该条款与2013

年修正后的《消费者权益保护法》第四十四条第二款相比，有以下不同之处：（1）《电子商务法》第三十八条第一款首次将平台经营者"明知或者应知"的情形修改为"知道或者应当知道"，此举有效减轻了消费者的举证责任，起到了保护弱势群体（消费者）的作用。（2）《电子商务法》第三十八条第一款首次提出"销售的商品或者提供的服务不符合保障人身、财产安全的要求，或者有其他侵害消费者合法权益的行为"，对平台内经营者利用电子商务平台侵害消费者合法权益情形做进一步细化，特别是出台了一个兜底式的条款，即"或者有其他侵害消费者合法权益行为"，为消费者维权做出指引。

2.案例分析

某电子商务平台为提升店铺的销售业绩，在"双十一"期间开展了日本精品盆景拍卖推广活动，将平台内专门营销日本盆景的前20强店铺以及精品盆景预拍卖的页面，分别放置在平台推广页面的链接上。其中，有一家店铺的精品盆景预拍卖的页面上展示了一颗"一眼假"的"系鱼川真柏"，平台经营者所聘请的专业审核人员在做页面审核的时候应当知道这一情形，但因在营销推广活动中平台对销售收入的分成比例较大，故平台经营者即审核人员并没有采取任何措施。某消费者在该店铺开播后，花了1万多元拍下这颗标注为"系鱼川真柏"的精品盆景，后经专家鉴定为"济州真柏"，系假冒"系鱼川真柏"的盆景商品，双方协商不成通过诉讼解决。

在本案中，电子商务平台经营者与涉案店铺经营者应当对消费者的损失承担连带责任。理由：本案中涉案店铺在预拍卖的页面上以"济州真柏"冒充更为名贵的"系鱼川真柏"，存在欺诈行为；而电子商务平台经营者聘请了专业人员负责商品预拍卖页面审核，其在明知系冒充"系鱼川真柏"的情形下，放任不管致使消费者错当正品"系鱼川真柏"拍中。根据《电子商务法》第三十八条第一款的规定，电子商务平台经营者在知道或者应当知道平台内经营者销售的商品或者提供的服务不符合保障人身、财产安全的要求，或者有其他侵害消费者合法权益行为的情况下，如未采取必要措施导致消费者造成损失的，应当与该平台内经营者共同承担连带责任。

第三章

直播行业合同管理

近年来，直播电商一直呈快速发展的态势。新冠肺炎疫情以来，"直播带货"更是成为人人都想要拥抱的"风口"。随着直播行业的日趋成熟，不同的平台都会具有成熟化的共性业务，业务条线的重复性审核签订情况很多，业务合同模式的固定也意味着法律风险点存在同质化可能。为避免公司业务法务部门重复沟通处理日常高频出现的问题，合同管理值得引起直播行业从业者的高度重视，并将其作为合规管理中的重要部分。

炒得沸沸扬扬的"辛巴燕窝造假事件"，自从王海打假辛巴后，"糖水燕窝"事件持续发酵。后辛选直播间确认其所售的"茗挚"品牌燕窝确实存在问题，广州市白云区市场监督管理局也已经对辛巴公司进行调查，重点包括所售燕窝和其他产品。从信誓旦旦地发布律师声明，称其所售燕窝为合格正品，到提出"退一赔三"的解决方案，"辛巴燕窝造假事件"历经多次反转。罗永浩直播带货微博"交个朋友"发布《关于11月28日交个朋友直播间所销售"皮尔卡丹"品牌羊毛衫为假货的声明》，承认所售出部分羊毛衫为假货，主动退货赔偿。上述事件的发生并非只是这个行业的偶然，事件背后折射的是直播行业常见的平台公司管理合规缺失，产品代工生产品质难保证、夸大宣传、虚假宣传等市场乱象。

2020年，中国消费者协会在公众号中发布了《"双11"消费维权舆情分析报告出炉！直播带货、不合理规则成最大槽点》。通过数据分析，发现直播带货是消费者负面信息集中的区域。以"汪涵直播带货疑似造假刷单""李雪琴亲历直播带货造假""李佳琦直播间'买完不让换'"几个典型案例"点名批评"明星直播的两大问题：流量造假、缺乏售后服务。

　　直播电商早期，消费者可能因为感到新鲜，或者因为价格便宜，甚或因为对主播的信任，往往忽略了直播电商背后存在的问题。但随着整个市场的不断成熟，直播行业引发了新风口、新机遇的舆论旋涡，急速的发展使得法律风险层出不穷。经历了疫情影响，网络直播固然对促进消费扩容提质、促进内循环起到了积极作用，但在飞速发展之后也到了好好沉淀、修正的时候，国家广电总局、国家市场监管总局、国家网信办等相关部门相应陆续出台了对直播电商行业的规范和通知。

　　2020年11月6日，国家市场监管总局发布了《关于加强网络直播营销活动监管的指导意见》，其中就明确要求"压实网络直播者法律责任"，规定："自然人、法人或其他组织采用网络直播方式对商品或服务的性能、功能、质量、销售状况、用户评价、曾获荣誉等做宣传，应当真实、合法，符合《反不正当竞争法》有关规定。直播内容构成商业广告的，应按照《广告法》规定履行广告发布者、广告经营者或广告代言人的责任和义务。"显然，明星/主播在进行直播带货、推介品牌和产品时，通常会进入商业广告活动范围，其本人也会落入《广告法》下定义的广告代言人的概念中。因此，按上述指导意见，明星与主播直播营销必须严格遵守广告的相关法律规定。

　　由于直播内容不同，主播获得收益来源方式不同，主播归属的机构不同，主播身份定性难、直播管理不规范、直播带货的产品质量无法保证、直播涉嫌虚假宣传等诸多问题也层出不穷。对此，直播平台公司、主播、用户都应予以高度重视并做更多思考，如何在现行法律框架下，重新审视直播行业相关的合同合规管理体系的建立，积极拥抱监管，提升行业自律，共同打造直播领域的健康生态，构建社会共治格局。

第一节　直播行业常见合同纠纷案例分析

直播与电商的融合是商业上的创新，给消费者提供了更丰富的购物体验。但在法律上，直播商业模式的变现却对基于平台角色和责任边界的权利义务界定提出了新的挑战。

电商直播主要是商家、主播等参与者在网络平台上以直播形式向用户销售商品或提供服务的网络直播营销活动。一个完整的电商直播活动往往会涉及《民法典》《电子商务法》《消费者权益保护法》《广告法》《产品质量法》《反不正当竞争法》等法律、法规和规章等的相关规定。

直播销售可能会涉及的合同包括但不限于：与直播平台相关的合同，包括《直播基地服务协议》《直播账号运营协议》《代播服务协议》《装修装饰协议》《账号注册服务协议》《独家合作协议》《技术服务协议》《营销内容投放协议》《广告服务协议》《加盟合作协议》；与直播人员相关的合同，包括《劳动合同》《嘉宾邀请协议》《直播经纪约合同》《海报设计协议》《直播内容制作协议》；与销售平台相关的合同，包括《买卖合同》《定做加工合同》《直播带货协议》《供应链合作协议》《品牌联营协议》等。

2020年8月，北京朝阳法院发布《北京市朝阳区人民法院文化娱乐产业典型合同案件审判白皮书（2017—2019年度）》。《白皮书》显示，2017—2019年三年间，朝阳法院受理网络直播类合同案件38件，其中直播平台诉主播违约案件20件，其中独家签约的主播违约跳槽所引发的案件多达14件，主播"擅自违约"跳槽引发的纠纷一度成为"热点纠纷"，占比较高。

从直播行业的实际情况并结合司法实践来看，直播行业合同纠纷存在如下典型特点。

一、合同违约类案件较多，主播违约跳槽，高额违约金赔偿成为焦点

直播行业的纠纷可能涉及直播平台（含经纪公司）诉主播违约跳槽纠纷、直播平台诉经纪公司合作违约纠纷、主播或经纪公司诉直播平台支付收益分成纠纷、用户诉直播平台返还相关款项纠纷、平台服务商诉直播平台服务合同违约纠纷。

直播平台（含经纪公司）诉主播违约案件中，诉求均包括损失赔偿及违约金支付，且诉请依据的合同约定违约金数额均显著较高。双方签署的合同，虽名称有所不同，但从合同实质来看，主要约定包括：经纪公司为主播与直播平台之间提供经纪服务；主播为直播平台提供直播合作服务；经纪公司和直播平台合作的综合性约定。

在主播"跳槽"案件中，违约的责任形式主要包括直接约定违约金或损失赔偿计算方法，以较高者为准；一般有固定金额约定，或是以主播在平台所获得报酬的倍数确定；赔偿平台全部直接损失及可预期利益；返还主播在平台已获取的收益。在此类案件应诉中，主播常见的抗辩事由包括主张平台格式条款显失公平，违约金过高要求调整等。结合司法判决情况，合同履行情况、主播违约程度、主播的经济价值、平台的履约情况等事由都是法院处理案件时会考虑的关键要素。

以下举例说明。

【案例1】深圳某网络科技有限公司与周某合同纠纷一审案件[1]

原告深圳某网络科技有限公司诉称：2015年3月1日，原告与被告签订《游戏解说特别委托协议》，由被告在原告指定的某在线解说平台进行直播解说，原告向被告每月支付合作酬金人民币50000元。同时该协议约定，在任何情况下，未经原告书面同意，被告不得单方提前解约，不得在相竞争的商业平台进行直播，也不得与其他第三方签订类似合同，否则被告构成重大违约，须赔偿违约金3000000元，签约的任何第三方须对被告应承担的债务承担连带赔偿责任。该协议签订后原告严格履约。履约期间，被告违反协议约定，擅自与他人签约，并公然在具有竞争关系的第三方直播平台直播。原告认为，被告的行为已构成严重违约，第三人擅自为被告提供直播平台并进行宣传，助长并支持了被告的违约行为，已经给原告造成巨大经济损失。原告的诉讼请求中包括主张违约金人民币5000000元。

原告称，其安排被告进行直播解说的平台是国内最知名的游戏直播平台，原告为此需要耗费大量的资源并需严格遵守该平台的各项严格规定，平台为开展直播也需要投入大量的人力、物力准备。为此才要求被告签署承诺：在本协议约定期限内，任何情况下，如违反该协议要求提前终止协议的，或与第三方签订合作协议的，或违反本合同约定的保证和承诺的，被告须向原告支付其年酬劳总额5倍的赔偿金，即3000000元（即50000元/月×12个月×5倍），与之签约的任何第三方须对协议游戏解说员的本合同债务承担连带赔偿责任，此赔偿金与违约金并行存在；本协议自原被告双方盖章和(或)签字后生效等约定。

---

[1] 武汉市洪山区人民法院（2017）鄂0111民初4931号民事判决书。

法院审理认为，本案中的《游戏解说特别委托协议》系原、被告双方之间的真实意思表示，且该协议并不存在相关法律规定的无效、效力待定、可撤销或可变更等情形，故该协议合法有效。在委托期限届满前，在未向原告提出解除本案中的《游戏解说特别委托协议》以及未征得原告同意的情况下，被告擅自到与原告存在竞争关系的第三人运营的熊猫TV平台进行游戏解说、音乐直播，根据原、被告之间的协议约定，其行为已构成违约，其应当承担相应的违约责任。因原告系新型的互联网企业，其经济损失难有直接证据进行计算。根据上述分析，关于违约金，本院结合审理查明，原告的合同目的是被告在斗鱼TV游戏在线平台进行游戏解说，综合考量被告的违约行为，协议期限为21.5个月，而被告履约时间仅为6个月，且每个月的有效直播时间均低于协议约定的80个小时，被告的月收入较高，被告作为主播是原告开展经营的重要资源、进行推广宣传的主要方式、获取盈利的主要来源。同时，被告人气的提高与原告对其进行宣传推广存在密不可分的联系。考虑到原告支付报酬的情况，被告主张违约金过高，以及本案中的《游戏解说特别委托协议》已无法继续履行且该协议的履行期限已届满等情况，根据相关法律规定以及合同的自愿、公平、诚信原则，综上，对于原告主张5000000元违约金的诉讼请求，本院依法酌情在3000000元的范围内予以支持(即按照被告年酬劳的5倍计算违约金，计算方式为：50000元/月×12个月×5倍=3000000元)，超出部分不予认可。对于原告要求被告向其支付445元的公证费，鉴于该公证费系原告为提起本案诉讼而产生的费用，且根据《游戏解说特别委托协议》明确约定了由违约方承担相应的公证费，故对此诉讼请求，法院予以支持。

【案例2】北京某科技有限公司与上海某电子游戏有限公司其他合同纠

纷案件①

　　2017年7月1日，原告北京某科技公司与上海某电子游戏公司、王某签订《直播服务合同》。该合同约定被告王某于2017年7月1日至2018年6月30日期间在花椒平台提供独家直播服务：在此期间，未经原告同意，被告王某不得以任何形式与任何相同或类似的直播平台进行合作；原告则支付服务费用90万元/年，包括预付款18万元及每月6万元的分期付款，并就王某在花椒平台所得的花椒币收益，按五五比例进行分成。前述合同签订后，原告即按约履行相关支付义务，合计给付639615.92元，并在花椒站内和站外投入了大量的人力、物力和财力大力推广王某，包括花椒平台推荐位推送及在20余家媒体、微博、微信等平台进行了大量推荐，大大提升了王某在业内的知名度和影响力。然而，王某人气显著上升之际，其自2018年1月1日起便擅自停止了在花椒的直播，并开始为某牙直播平台提供相关游戏直播服务。王某上述行为已严重违反了《直播服务合同》的相关约定，构成根本违约，并致使原告遭受广告收入、流量红利及其他可期待利益的损失。故根据《合同法》第九十四条的相关规定及《直播服务合同》第五条第十六款、第九条第四款的相关约定，原告诉至法院请求确认原告与两被告签订的合同已解除；两被告共同向原告返还已付服务费用622367.50元，并支付违约金400万元；两被告共同向原告支付损失1360384.08元。审理中，原告撤回前述第四项诉请。

　　法院判决时结合合同履行期间被告王某的收益情况及其过错程度，综合直播行业的特点、直播平台投入经纪公司的参与及主播个体的差异四个

①上海市静安区人民法院（2018）沪0106民初7903号民事判决书。

维度予以考虑，根据公平原则及违约金的惩罚性因素，并平衡各方利益，对于被告王某"跳槽"这一不符合诚信原则的行为之违约金酌情确定为200万元。至于原告根据合同约定要求返还已付费用622367.50元，其中涉及被告王某未提供直播服务的半年期间对应的预付款9万元，因合同解除尚未履行的部分不再履行，故理应返还；而剩余费用的返还，原告依据的是合同约定的被告违约所应承担的多项责任中的一种方式，本院已对该种责任承担方式与违约金一并考虑，酌情确定了被告应当承担的违约责任，故对剩余费用的返还请求不予支持。

针对上述案件，我们可以看出涉及网络直播的新兴行业，与因违约所受损失的准确界定，必须考虑网络直播行业的特点。网络直播平台是依赖互联网生存与发展的互联网企业，而互联网流量则是互联网企业估值的重要指标之一。互联网企业通过大量成本提升流量，再通过流量变现获得高估值。流量高的企业可以更好地获得融资以及发展空间，最终实现企业价值。

网络主播是网络直播平台的核心资源，一些优质的网络主播甚至是直播平台的生存基础。直播用户与主播之间的正向关联度很强，直播平台需要依靠主播吸引用户获得流量，由于直播用户进入直播平台的途径系开放式的，且多为免费，用户平台使用的转换成本很低，一旦网红主播跳槽，将直接导致原平台用户随主播转换新平台，原平台的流量优势必然骤然下降。由于违约金具有补偿性，当违约金足以弥补损失时，直播平台则不能要求主播既赔偿违约金，又赔偿损失。

当事人可以约定一方违约时应当根据违约情况向对方支付一定数额的违约金，也可以约定因违约产生的损失赔偿额的计算方法。但法院认为违约金约定过高时，一般会根据案件的具体情况，以违约造成的损失为基准，综合衡量双方履约情况、当事各方的过错、合同签订时的预期利益、当事人缔约地位的强弱、是否为格式合同或条款等因素，根据公平原则和诚信原则予以综合权衡。《民法典》关于损失及违约金有着明确的规定，当事人一方不履行合同义务，或者履行合同义务不符合合同约定，造成对方损失的，损失赔偿额应当相当于因违约所造成的损失，包括合同履行后可以获得的预期利益；但是，不得超过违约一方订立合同时可能预见到或者应当预见到的因违约可能造成的损失。

实际损失，又称"信赖利益"损失，是一种现实的财产损失。预期利益损失则是为了可以得到的但因为违约行为而没有得到的利益，主要分为生产利润损失、经营利润损失和转售利润损失等类型。因此，如何理性约定计算方法，及如何确保可预见性的客观合理性则显得尤为重要。

网络直播行业价值具有一定泡沫化的特征。网络直播行业的竞争，实际上就是平台主播资源的竞争。直播平台愿意花费巨额的成本培养或引进主播，尤其争夺自带大量固定观众群体的知名主播，则成为平台迅速提高流量的重要手段。平台"大手笔""挖角"的恶意竞争频现，势必使得业内主播的市场价值集聚一定的泡沫，无法真正客观反映本身价值。直播行业目前的收益途径主要为情感付费（礼物道具）、广告收入等，但网络直播企业作为迭代发展的高科技企业，其未来收益的可期待性使企业具有较高的市场估值。因此，我们认为无论是已发生的"实际损失"还是具有不确定性的"预期利益"，违约产生的各种损害只要得以证明，均应纳入考量。

而在主播已经履行相关合同义务、提供相关工作服务后，当平台要求赔偿违约金或者损失、返还在平台已获取的收益时，一般对要求主播返还收益的主张不予支持。

需要指出的是，主播在合约期内转换平台本身是不履行合同义务、违反诚信原则的行为，损害了合同相对方的利益，破坏了正常的交易秩序，并不值得鼓励和提倡。对于单纯接收跳槽主播的平台，可能尚不构成不正当竞争行为，但对于直播行业这一新兴的行业，从进一步规范市场竞争秩序、促进行业长远发展的角度，平台应当逐步形成行业自律，建立一套诸如合同审查、协商谈判等可行的机制，以督促主播妥善处理与前平台之间的合作合同关系，进一步提升行业竞争效率，增进消费者福利和社会公共利益。

二、未成年人直播打赏类案件频发，涉及金额较大，责任认定备受社会关注

随着互联网技术的快速发展，应用和移动智能终端设备的广泛普及，未成年人不可避免地成为网络用户的主力军，也是网络消费的重要构成部分。根据中国互联网络信息中心的统计，至2019年，我国未成年网民达1.75亿，未成年人互联网普及率为93.1%，远高于同期全国人口67.0%的互联网普及率。互联网的快速发展给未成年人学习和生活提供了无限可能性；与此同时，面临更加严峻复杂的网络环境，对未成年人在网络空间中正当权利的保护刻不容缓。近年来，随着各种直播平台的迅猛发展，越来越多的未成年人成为网络直播的用户，未成年人高额打赏主播的事件屡有发生，低俗媚俗等不良风气在直播领域的滋生蔓延，严重污染了网络视听生态，也对未成年人产生了不可估量的不良影响。

"小智治事、中智治人、大智立法。"党的十九大报告指出要以良法促进发展、保障善治。在我国互联网产业高速发展的同时，国家加强网络空间治理，高度重视未成年人的网络保护工作，2016年11月通过的《网络安全法》中专门规定了未成年人网络保护的相关事宜。2017年1月，国务院原法制办公室就《未成年人网络保护条例（送审稿）》公开征求意见；
2018年9月，《未成年人保护法》启动修订工作；2019年10月，《未成年人保护法（修订草案）》首次审议并向社会公开征求意见，新增加了"网络保护"专章；2020年10月17日，全国人大常委会表决通过修订后的《未成年人保护法》，规定网络直播服务提供者不得为未满十六周岁的未成年人提供网络直播发布者账号注册服务；为年满十六周岁的未成年人提供网络直播发布者账号注册服务时，应当对其身份信息进行认证，并征得其父母或者其他监护人同意。

最高人民法院针对未成年人直播打赏问题，在2020年5月19日发布了《关于依法妥善审理涉新冠肺炎疫情民事案件的指导意见（二）》，明确限制民事行为能力人未经其监护人同意，参与网络付费游戏或者网络直播平台"打赏"，监护人请求网络服务提供者返还款项的，法院应予以支持。2020年11月12日，国家广电总局下发《国家广播电视总局关于加强网络秀场直播和电商直播管理的通知》，也要求网络秀场直播平台对网络主播和"打赏"用户实行实名制管理，未成年用户不能"打赏"。

"少年两个月打赏女主播40万元""11岁女孩巨额打赏近200万元"这类案件，多为未成年人未经监护人同意，用监护人实名认证的账号，通过监护人名下的网络支付账户支付打赏款项，打赏金额一般较大，少则千余元，多则一年之内打赏达到几十万余元。如何依法妥善解决未成年人网络充值打赏纠纷，是家庭和网络平台共同的责任。

【案例1】男孩小戴于一网络平台充值7万余元，用来购买平台礼物打赏主播

小戴父母发现异常后报警，警方协助向平台申请退款无果。小戴父母

认为，小戴是限制民事行为能力人，其购买行为与其年龄不相符，因此是无效的。于是，小戴起诉平台要求退款。而该网络平台称，小戴使用他母亲的银行账户充值消费，视为经过其母授权同意；平台的《直播用户服务协议》已就未成年用户的充值消费使用行为做出约定，并加粗提示，已尽到提示义务；涉案账户聊天内容中，有"明天还要照顾儿子""带小孩怎么多睡"的表述，明显有成年人使用的痕迹，不能证明是小戴使用。法院认为，在原告方整个账号存续期间，都有成年人聊天的迹象。且根据原告陈述和该账号之后仍存在消费"打赏"的事实，应认定账号有其他人员在使用，不能认定相关"打赏"行为系小戴所为，故判决驳回原告的诉讼请求。

【案例2】刘某使用父母银行卡"打赏"主播160万元

原告刘某，2002年出生，自2018年起帮助父亲打理生意。2018年10月至2019年1月，刘某使用父母的银行卡多次向某直播平台转账"打赏"主播，金额高达160万元。刘某父母得知后，向直播平台提出退还全部"打赏"金额的要求，未果。

案件起诉到法院后，一审法院判处直播平台退还部分金额。二审中，刘某认为，自己作为限制民事行为能力人，所进行的巨额"打赏"与他的身份、年龄以及家庭经济状况都不相适应，其行为应当是无效的。而被告直播平台辩称，刘某辍学后且在年满十六周岁后，自己独立生活，其父安排开立银行卡并管理大额款项，应当视为完全民事行为能力人。因此，直播平台不应返还涉案的"打赏"金额。该案当事双方后达成庭外和解，直播平台自愿返还近160万元"打赏"款项。

结合上述案例情况，对于未成年人直播"打赏"款项究竟应如何认定，无民事行为能力人和限制民事行为能力人的打赏行为效力如何进行区分，平台责任和家庭监护职责的边界又该如何界定呢？

《民法典》将未成年人区分为八周岁以上的限制民事行为能力人和八周岁以下的无民事行为能力人，并对其行为及效力做出了明确规定。无民事行为能力人，由其法定代理人代理实施民事法律行为。如果参与网络游戏充值和网络平台"打赏"的未成年人确不满八周岁，则其网络充值和"打赏"行为是无效的，监护人可要求网络平台返还支付的款项，网络平台应予以配合。

八周岁以上的未成年人是限制民事行为能力人，其行为需要根据其年龄、智力状况来区别对待。法院在审理此类案件过程中也会结合具体个案中未成年人的年龄、智力状况、家庭条件以及其所参与的游戏和直播类型等因素综合判定其行为的有效性；也就是说，限制民事行为能力人的行为不是当然的完全无效或完全有效。未成年人的监护人需要举证证明，未成年人是在其不知情也未得到监护人许可的情况下，通过父母的银行账号支付的款项。若监护人采取放任默许的态度，或无法证明充值行为系孩子所为，那么很难以"未成年人系限制行为能力人、法定代理人未予追认"为由要求认定无效。因此，家长应妥善设置手机支付方式，并保管好支付密码，勿轻易透露给孩子，并应合理监督孩子的互联网行为。

网络平台应高度重视对未成年人的权益保护，落实青少年模式的设置，对用户的实名注册、"打赏""充值"等转账付款行为设置更严格的验证方式。按照上述规定及通知的要求，相关平台需要重视并加强对"打赏"用户的实名制管理，通过实名验证、人脸识别、人工审核等措施，确保实名制要求落到实处，封禁未成年用户的"打赏"功能。平台应对用户每次、每日、每月最高"打赏"金额进行限制。在用户每日或每月累计

"打赏"达到限额一半时，平台应有消费提醒，经短信验证等方式确认后，才能进行下一步消费，达到"打赏"每日或每月限额，应暂停相关用户的"打赏"功能。平台应对"打赏"设置延时到账期，如主播出现违法行为，平台应将"打赏"返还用户。平台不得采取鼓励用户非理性"打赏"的运营策略。对发现相关主播及其经纪代理通过传播低俗内容、有组织炒作、雇佣水军刷礼物等手段，暗示、诱惑或者鼓励用户大额"打赏"，或引诱未成年用户以虚假身份信息"打赏"的，平台须对主播及其经纪代理进行处理，列入关注名单，并向广播电视主管部门书面报告。若直播平台未按照规定履行相关谨慎义务，除了可能会受到行业处罚之外，亦因未按照《通知》的规定尽到相应义务，在家长起诉要求返还孩子打赏钱的诉讼中，还要承担相应的法律责任。网络运营平台若已设置合理的防范手段，监护人对未成年人的行为存在监护不当等过错的，则监护人需要在过错范围内承担责任。

未成年人与成年人相比自制力和辨别能力都较差。因此，对平台而言，禁止未成年人"打赏"是务实的选择，立法及监管要求均是倒逼网络直播行业整治、加强管理，若想妥善解决未成年人网络充值、"打赏"纠纷，家庭、网络平台、网络主播都应承担起相应责任。鼓励平台积极探索利用大数据、人工智能等新技术服务于鼓励倡导的直播节目，让算法支撑优质视听内容的推送，对违规不良内容实现精准预警和及时阻断。对点击量高、成交量虚高、"打赏"金额大、业务类别容易出问题的直播间，要建立人机结合的重点监看审核机制，跟踪节目动态，分析舆情和原因，及时采取措施，防止导向偏差和问题。

三、直播带货引发的法律风险层出不穷，平台主播责任承担应引起高度重视

近两年，直播带货成为经济新的"火爆增长点"，主播们的带货也经常让直播间成为大型"翻车"现场，可能存在侵害消费者权益的虚假宣传、货不对板、质量"翻车"、售后维权无门等问题。直播带货也伴随着巨大的法律风险。

【案例1】刘某与杭州某商务有限公司网络购物合同纠纷案

原告在被告经营的天猫店铺某旗舰店直播间购买商品"天然和田玉吊坠籽料原石男士项链观音牌子佛公平安扣女款貔貅钟馗"1件，案涉商品直播时经特别说明为籽料且假一赔十。法院认为，被告在直播销售过程中描述商品材质为和田玉籽料以及承诺"假一赔十"，系关于商品质量及违约责任的要约，原告购买商品，系承诺，双方网络购物合同合法有效。

经鉴定机构检测，案涉商品并非和田玉籽料，直播中存在以次充好的虚假描述，应当按照约定承担"假一赔十"的违约责任。直播过程中，消费者一般不是直接向主播购买商品（商铺直播例外），而是从直播平台上的链接跳转至电商经营者的网页完成购物，网络购物合同的双方是电商经营者和消费者。消费者发现商品质量存在瑕疵，电商经营者违反《电子商务法》第七十四条、《合同法》第一百一十一条、《消费者权益保护法》第四十条的，应承担质量不符合约定的违约责任。此时，主播一般不承担直接的违约责任。故判决本案被告即电商经营者杭州某电子商务有限公司承担网络购物合同的违约责任，主播因为不是合同关系的当事人，不承担违约责任。

　　主播在网络购物合同关系中虽不承担违约责任，但在直播带货中从事广告行为的，如果发布虚假广告，欺骗、误导消费者的，应根据《广告法》第五十六条区分不同身份进行追责：发布虚假广告，欺骗、误导消费者，使消费者的合法权益受到损害的，由广告主承担相应民事责任；广告经营者、广告发布者不能提供广告主的真实名称、地址等有效信息的，消费者可以要求广告经营者、广告发布者先行赔偿；涉及消费者生命健康的虚假广告，并造成消费者损害的，其广告经营者、广告发布者、广告代言人应当与广告主承担连带责任；前款规定以外的商品或者服务的虚假广告，造成消费者损害的，其广告经营者、广告发布者、广告代言人，明知或者应知广告虚假仍设计、制作、代理、发布或者作推荐、证明的，应当与广告主承担连带责任。大多数情况下，主播可能被认定为广告发布者，也可能被认定为广告代言人，其应当承担相应的连带责任。

　　此外，主播在直播过程中对商品材质的承诺可构成网络购物合同的内容，消费者可据此要求电商经营者承担违约责任。根据相关规定，网络电商直播平台须严格按照网络视听节目服务管理的相关规定开展视听内容服务，不得超出电子商务范围违规制作、播出与商品售卖无关的评述类等视听节目。以直播间、直播演出、直播综艺及其他直播节目形式举办电商节、电商日、促销日等主题电商活动，应按照网络视听节目直播服务管理的有关规定，提前14个工作日将活动嘉宾、主播、内容、设置等信息报广播电视主管部门备案。鼓励网络电商直播平台通过组织主题电商活动助力经济发展、民生改善、脱贫攻坚、产业升级和供需对接。因此作为直播平台营销服务提供者应重视相关主播行为、广告宣传、产品质量等合规问题，严格遵守相关直播节目及主题电商活动的备案要求，避免"主播翻车，平台背锅"的后果出现，给平台造成不必要的法律责任。

【案例2】何某与某公司刷单纠纷案

2019年，某公司为增加其网络店铺的交易量，委托案外人王某组织刷手进行刷单。某公司按照交易订单金额退还货款，并按照每刷单10000元支付50元的标准支付刷单报酬。在王某的工作下，刷手们在某平台完成了案涉交易订单，双方均确认案涉商品未实际发货。后其中一个刷手何某因某公司未向其退还刷单垫付的20000元及支付刷单报酬，在某平台提出"仅退款"申请。某公司称其已将相关款项支付给刷手介绍人。本案争议诉至法院。

法院认为，刷手与某公司订立的网络购物合同，真实意思是"刷销量、赚报酬"，双方通谋共同实施了销量造假行为，案涉合同因违反法律规定应被认定无效。双方行为产生了虚假订单，造成了网络营商环境的损害，且何某系自行决定投入款项，故对于何某基于赚取刷单报酬目的投入的款项，依法不予保护。最终法院判决驳回原告何某的全部诉讼请求。同时，某公司向案外人刷手介绍人支付款项的行为，与本案案涉的行为并无二致，二者支出的款项均属于进行非法"刷销量"活动的财物，依照民法通则的规定，法院将另行处理。

电子商务经营者以虚构交易为目的与他人订立网络购物合同，双方以虚假的网络购物意思掩盖真实的"刷销量、赚报酬"意思，该民事法律行为无效。不论双方主张何种关于各方履约的抗辩事由，比如刷手实际支出款项，但未收到货物，店铺不当占有货款、不按约定支付费用等，这些所谓"损失"都不能得到人民法院的支持。此外，电子商务经营者通过虚构交易获得不当增信，不但可能因为行为无效而无法保护自身权益，还将面临市场监督主管部门的行政处罚。

网络电商直播平台要对开设直播带货的商家和个人进行相关资质审查和实名认证，完整保存审查和认证记录，不得为无资质、无实名、冒名登记的商家或个人开通直播带货服务。平台须对相关信息的真实性定期进行复核，发现问题及时纠正。要对头部直播间、头部主播及账号、高流量或高成交量的直播带货活动进行重点管理，加强合规性检查。要探索建立科学分类分级的实时动态管理机制，设置奖惩退禁办法，提高甄别和打击数据造假的能力，为维护诚信市场环境发挥积极作用。

第二节　网络直播行业合同合规管理

为营造良好的市场消费环境，促进网络直播营销业态的健康发展，网络直播平台经营者应高度重视建立合规管理机制，培育合规文化，关注合同全流程动态管理，关注经营中的动态风险甄别及防范，这正是直播合规工作中的重要环节。合规义务来源包括国家法律、行政法规、部门规章、标准规定、行业惯例、道德准则、合同约定等。

合同签订谈判中，风险的审查、排除、转移、分配需要各方针对预先设定的目标在谈判中博弈、平衡，合法获得期待利益也是交易各方合同签订的最终目的。作为维系双方在冲突中保证各自利益的直接方式，合同中最终签署的条款取决于交易中当事人合同地位强弱、能力高低、各自的诚信度、对利益最大化的期待等因素。合同管理属于企业合规审查的重要环节，我们把合同合规管理分为宏观的合同风险合规控制以及微观的合同细节条款安排。明确带货主播、直播平台的法律地位和责任，确保消费者理性消费、畅通维权途径，合法维护自身权益都需要通过合同的合规管理予以实现。

直播平台需根据不同类型的合同签订履约过程的情况，关注并提取相关共性的特点和要素，通过法律风险分析评估、大数据统计建立起针对契合日常对外开展经营活动，签署合同所应具有的标准化流程及操作指引，及时有效地识别风险，并在动态履约管理中予以及时调整，切实提高效率，提升直播参与主体的法律风险防范，构建合规的行业生态。

一、建立合同管理制度

随着国家对直播行业的监管日趋规范，作为直播平台的合同管理人员应该关注行业发展趋势，持续学习梳理直播行业相关的适用法律、规范指引、典型案例，构建起动态实时更新的法律法规库，建立合同管理合规制度，正确理解合规规范的规定及政策对直播平台的影响，及时指导调整合同的签订、审查、履行。全流程管理是合同管理的前置重要环节。

纵观罗永浩假羊毛衫事件，问题的症结出在没有与品牌方直接对接，中间商把关不严。然而，与品牌方建立直接联系的头部主播辛巴、行业主播大西米君，虽然去除了中间商，依然被品牌的诚信所累。其中暴露的表面问题是直播带货行业审核力度仍然欠缺，然而深层次问题是电商的合规经营与有序竞争。直播电商的很多交易都是外链至天猫等电商平台达成的，基于对平台审核能力的信任，很多主播机构会默认产品在质量上是达到标准的。然而，众多的事实证明，平台审查、产品抽检、保真协议等手段所构建的防火墙并不能百分之百地保障产品质量。

二、直播平台应高度重视合同签订管理事前合规要素及签约合作主体的合法性审查

合规审查核心要素包括但不限于：（1）合作方的基础资质信息，包括公司设立和经营的相关资质，如营业执照或相关行业证照、银行开户证明或相关账户信息、法定代表人或联系人身份证信息等；（2）合作方相关许可经营资质证明或许可批文等信息，例如生发仪、美容仪等医疗器械越来越受欢迎，而医疗器械广告必须经过审批才能发布，且发布的内容必须与审批的内容一致，因此也对直播平台在选品及合作方选择提出了更高的合规审查要求；（3）合作方的经营状况和相关经营数据，包括经营期限、业务规模、商品或者服务类别、业务经营模式、其是生产厂家还是经销商、是有自己的生产线还是供货商贴牌供货等；（4）合作方的信用情况，包括历史上商家在平台内的经营情况、消费者信用评价情况、不合规行为和平台处罚记录等。

2020年6月24日，中国广告协会发布《网络直播营销行为规范》，对"网络直播营销行为"进行定义，将所涉主体分为商家、主播、网络直播营销平台、其他参与者等四类，并分别对各类主体的行为提出要求。作为直播电商，平台合规更要具有多维度视角，包括垂直维度（效力位阶不同的法律法规）、涉及跨行业的广度维度以及参与方具有多样性的主体维度，比如网络直播营销平台包括电商平台、内容平台和社交平台等。电子商务法明确规定，电商平台系在电子商务交易中为双方或多方提供经营场所、交易撮合、信息发布等服务，供交易双方或多方开展交易活动的法人或者非法人组织，开展相关业务需要持有电信业务经营牌照。

网络直播营销平台经营者应当重视其影响力作用，坚持主流价值观导向，全面重视在消费者权益、知识产权、网络安全、个人信息等方面的维护责任。对外合同签订前需要落实包括但不限于以下机制：建立注册主体服务协议，制定注册主体参与规则，明确网络直播的行为规范；制定在平台内营销商品或服务的黑名单及审查规则；建立商家、主播信用评价及奖惩等信用管理体系；完善用户信息、商品和服务交易过程及相关信息的保存制度，同时切实做好网络安全与个人信息保护措施和使用办法；完善平台内争议处理机制，依法协助消费者做好信息及证据支持，积极协助消费者维护合法权益；建立健全知识产权保护规则，完善知识产权投诉处理机制；设立便捷的投诉、举报机制，及时处理相关的投诉、举报。

对于涉及电商类的网络直播营销平台经营者，应当加强对入驻商家的主体资质审查，督促商家公示营业执照及与其经营业务有关的行政许可信息。内容类和社交类的网络直播营销平台经营者应当加强对入驻本平台的商家、主播交易行为的规范，防止主播采取链接跳转等方式，诱导用户进行不当线下交易或在社交群组中进行交易。

三、关注合同形式及效力的合规性，建立规范化专业合同文本库，提升合同签订效率及质量

《民法典》"合同编"第四百七十一条规定，当事人订立合同，可以采取要约、承诺方式或者其他方式。原来要约和承诺作为合同订立形式，也是经过签订确认书、提交订单这两个阶段合同即告成立，而其他方式可见如购票、悬赏、网络购物和网络服务中，这类格式条款在订立时缺少明显要约、承诺的外在形态，但是《民法典》已关注并将其纳入。网络购物和网络服务中，由于采取背靠背交易方式，所有的要约及承诺行为集中在网络平台购物服务交易的确认按键上，消费者一经按键，合同即告成立、生效开始履行，属于其他方式的典型表现。正本要清源，合同性质的认定对纠纷后续的处理起基础性作用，将拟签订的合同归入相应的法定合同类型中，并严格适用相应的法律规定，方能准确地确认当事人的权利义务，并保护各方当事人的合法权益，确保合同的有效性是决定当事人的诉求能否得到支持的关键所在。在新兴的直播行业的合同中，需要更好地兼顾行业监管规则的遵守及交易秩序的尊重，合理排除可能因合同签署、履行引起的刑事责任风险、行政责任风险、民事责任风险以及其他可能存在的不确定政策性管控风险。

四、关注合同全流程动态管理

将监管规范要求融入合同履约管理的每一个模块中，对共性业务建立共性合同管理要求，完善各模块的动态审查识别清单管理，不断提升优化合同管理的规范化、信息化、场景化水平。

网络直播各方之间应当依法明确各自的职责范围，重视平台规则合规审查及合同规范签订。网络直播营销活动应当全面、真实、准确地披露商品或者服务信息；严格履行产品责任，严格把控直播推广的产品、服务的质量标准和要求；积极保证售后承诺，建立健全消费者保护机制，保护消费者的合法权益；网络直播营销主体不得利用刷单、炒信等流量造假方式虚构或篡改交易数据和用户评价，不得进行虚假或者引人误解的商业宣传，欺骗、误导消费者；网络直播发布广告的，应当严格遵守《广告法》的各项规定；网络直播参与各方还应当依法履行网络安全与个人信息保护等方面的法定义务，收集、使用用户个人信息时，应当严格遵守法律、行政法规等相关规定；遵守商业道德，公平参与市场竞争，不得从事扰乱市场竞争秩序，损害其他经营者或者消费者合法权益的违法行为；建立健全知识产权保护机制，尊重和保护他人知识产权，切实采取措施保护参与方的商业秘密及其他专有权利。完善对未成年人的保护机制，注重对未成年人身心健康的保护。

针对上述原则性要求，可以将日常对外开展经营活动合同所应具有的标准化管理方案及操作指引予以细化，助力合同全流程动态合规管理要求落到实处。

五、加强合同风险数据的收集及分析，重视合同履约管理中证据管理体系有效建立

在合同发生涉诉纠纷后，举证问题是认定损失赔偿的核心及依据。随着合同管理工作的开展及延续，要重视涉诉合同案件的风险数据管理及识别，在直播行业引发社会关注的重大案例中，都可以识别、归纳和总结出已发生的共性问题及法律风险要素。因此，建议直播平台高度关注合同风险数据的收集，建立有效合同风险分级管理制度，动态识别完善不同场景模式合同中存在的风险点。以直播协议为例，在合同签署后，网络直播服务提供者在旗下主播的合同履行和业务管理中，建议重视直播平台的用户协议、主播行为规范、虚拟礼物兑换规则等平台重要的规范性文件，也作为合作协议附件，提示主播重点查阅并签字确认，以增加协议的完整性及约束力，避免争议。合同履约中应注意及时保留相关证据材料，如合同、承诺书、往来款项支付凭证等；对主播资源投入、人气培养的相关证据，如进行的宣传推广、培训、引流投入等；对于数据、信息类型的证据材料定期进行证据固定，如主播在签约合作后不同阶段其直播间活跃用户数的变化、不同直播平台上的粉丝数量及变化情况等。上述信息需注意留痕保存，避免发生争议时相关数据已过期或被删除。必要时，可对重要数据进行公证。

直播行业的健康发展离不开法治化监管，离不开平台、商家、主播，乃至消费者的努力，当"野蛮生长"的自由和机遇退去，每个主体都应当警惕悬在行业之上的"达摩克利斯之剑"。制度不能考验商人逐利的本能，我们需要的是没有漏洞可钻的商业运营环境，只有树立合规意识，有法可依，有法必依，平台对商家提出高要求，主播和消费者一起对产品质量进行监督，让劣质商品无处可出，才能形成良性循环，为优质商家、MCN机构、主播行业带来更多的交易机会和更广阔的成长空间，共建直播

第四章

直播行业知识产权合规

行业的健康新生态。

　　直播带货商业模式下，各相关主体包括主播、MCN机构、商家、平台（电商平台、直播平台）之间存在多重复杂交错的法律关系，带货模式的不同会导致主播及平台法律身份的变化。为化繁为简，不因"直播带货"而添附特殊情况的传统知识产权侵权问题在此不再赘述。本章将主要着眼于对主播作为广告代言人和商品销售者两种身份时，可能面临的知识产权风险进行解析和风险提示。

第一节　广告代言性质直播的知识产权合规

　　《广告法》第二条分别定义了广告发布者和广告代言人，其中，"广告发布者，是指为广告主或者广告主委托的广告经营者发布广告的自然人、法人或者其他组织"，"广告代言人，是指广告主以外的，在广告中以自己的名义或者形象对商品、服务作推荐、证明的自然人、法人或者其他组织"。国家市场监督管理总局于2020年11月发布的《市场监管总局关于加强网络直播营销活动监管的指导意见》第二点第三条明确指出，网络主播的直播内容构成商业广告的，应按照《广告法》规定履行广告发布者、广告经营者或广告代言人的责任和义务。[①]同时，在直播中以自己的名义或形象对商品或服务作出推荐、证明等行为的，该直播内容构成商业广告的，还应当遵守商业广告代言的有关规定。故在直播带货的商业模式下，如主播与商家建立委托关系并对商家指定的产品、服务进行宣传、推荐，但相关的直播销售数据和利润与主播的收入不挂钩的，可认为主播系广告法意义上的"广告代言人"。

一、广告方案的知识产权合规审查

作为广告代言人，顾名思义，需要以自己的名义为其代言的产品或品牌进行推荐、证明。换言之，就是他人能够明确地辨识出是该代言人之言行，可将推荐或证明行为归结为与该代言人相关，通常需要将代言人的姓名、肖像、表演、口述、行为等用于产品或品牌的推荐宣传上。

当主播作为广告代言人进行直播带货时，由于直播过程使用的各类素材类型和载体不一，故需要针对不同素材可能附着的权利类型进行分类审查。

（一）商标权及专利权合规审查

1.审核广告文案中涉及商标权的信息

关注商标注册证上的商标权利人（是否存在共有人）、注册类别、是否存在行政争议程序（商标异议、"撤三"[②]等）和有效期限等信息，明

[①]《市场监管总局关于加强网络直播营销活动监管的指导意见》第二点第三条：自然人、法人或其他组织采用网络直播方式对商品或服务的性能、功能、质量、销售状况、用户评价、曾获荣誉等作宣传，应当真实、合法，符合《反不正当竞争法》有关规定。直播内容构成商业广告的，应按照《广告法》规定履行广告发布者、广告经营者或广告代言人的责任和义务。

[②]"撤三"：《商标法》第四十九条第二款规定，注册商标没有正当理由连续三年不使用的，任何单位或个人可以向商标局申请撤销注册该商标。

确商标注册的类别是否与拟推介商品的类别相同，商标权利是否在有效期之内；如系获许可使用，还需核验其被许可范围、期限；如商标系多个主体共有，是否获得所有共有人的许可。需要注意的是，《商标法》第十四条第五款明确规定："生产、经营者不得将'驰名商标'用于商品、商品包装或者容器上，或者用于广告宣传、展览以及其他商业活动中。"如在广告代言活动中出现上述行为，可能被市场监管部门认定为"将'驰名商标'字样用于广告宣传的违法行为"，而被处以责令停止发布广告，并处相应金额罚款等行政处罚措施。

2.审核广告文案中涉及专利权的信息

《广告法》第十二条规定："广告中涉及专利产品或者专利方法的，应当标明专利号和专利种类。未取得专利权的，不得在广告中谎称取得专利权。禁止使用未授予专利权的专利申请和已经终止、撤销、无效的专利作广告。"违反上述规定的，市场监管部门可依据《广告法》第五十九条第一款第三项之规定，责令广告主停止发布上述广告，并处罚款。常见的假冒专利行为还包括：（1）在未被授予专利权的产品或者其包装上标注专利标识，专利权被宣告无效后或者终止后继续在产品或者其包装上标注专利标识；（2）未经许可在产品或者产品包装上标注他人的专利号，销售上述产品；（3）在产品说明书等材料中将未被授予专利权的技术或者设计称为专利技术或者专利设计，将专利申请称为专利，或者未经许可使用他人的专利号，使公众将所涉及的技术或者设计误认为是专利技术或者专利设计；（4）伪造或者变造专利证书、专利文件或者专利申请文件。[1]假冒专利的，除承担民事责任外，由管理专利工作的部门责令改正、没收违法所得，并可处以罚款；构成犯罪的，还要依法追究刑事责任。[2]

3.审核广告文案中的其他信息

审核广告文案中使用的"数据、统计资料、调查结果、文摘、引用语等引证内容"[3]，应当查验其出处及相应的许可、授权或证明文件，应当在直播过程中表明其出处，按照相关法律规定需要付酬的，应及时支付。

（二）著作权合规审查

广告代言直播领域高发的知识产权风险是著作权侵权。新修订的《著作权法》第十条明确规定，著作权有人身权和财产权等两项权利，并明确

---

[1]《专利法实施细则》第八十四条：下列行为属于专利法第六十三条规定的假冒专利的行为：

（一）在未被授予专利权的产品或者其包装上标注专利标识，专利权被宣告无效后或者终止后继续在产品或者其包装上标注专利标识，或者未经许可在产品或者产品包装上标注他人的专利号；

（二）销售第（一）项所述产品；

（三）在产品说明书等材料中将未被授予专利权的技术或者设计称为专利技术或者专利设计，将专利申请称为专利，或者未经许可使用他人的专利号，使公众将所涉及的技术或者设计误认为是专利技术或者专利设计；

（四）伪造或者变造专利证书、专利文件或者专利申请文件；

（五）其他使公众混淆，将未被授予专利权的技术或者设计误认为是专利技术或者专利设计的行为。

专利权终止前依法在专利产品、依照专利方法直接获得的产品或者其包装上标注专利标识，在专利权终止后许诺销售、销售该产品的，不属于假冒专利行为。

[2]《专利法》第六十八条：假冒专利的，除依法承担民事责任外，由负责专利执法的部门责令改正并予公告，没收违法所得，可以处违法所得五倍以下的罚款；没有违法所得或者违法所得在五万元以下的，可以处二十五万元以下的罚款；构成犯罪的，依法追究刑事责任。

[3]《广告法》第十一条第二款：广告使用数据、统计资料、调查结果、文摘、引用语等引证内容的，应当真实、准确，并表明出处。引证内容有适用范围和有效期限的，应当明确表示。

列举了著作权包含的十六项具体权利及"应当由著作权人享有的其他权利"之兜底条款。著作权人可以许可他人行使《著作权法》规定的第五项至第十七项权利，并有权依照约定或按著作权法相关规定获得相应报酬。著作权人可以全部或者部分转让上述第五项至第十七项规定的财产性权利，并有权依照约定或按著作权法相关规定获得相应报酬。

在直播中，使用未经权利人授权的作品，使公众能够通过直播平台进行浏览、观看和传播，且不符合《著作权法》第二十二条（修订后的新《著作权法》第二十四条）关于"合理使用"相关规定的，即有可能侵犯他人作品著作权中的复制权、广播权、信息网络传播权等权利，或可能被认定侵犯了《著作权法》第十条第十七项规定的"其他权利"。如主播在直播中公开播放或演唱未经著作权人授权许可的音乐作品的，即有可能侵犯权利人对于该作品的表演权。

如主播或相关主体在签订广告代言合同时，仅仅笼统地约定了"取得著作权人的许可使用"，而未对具体权利类型进行列举，或未对许可使用的期限和范围进行明确，则仍然存在侵权的风险。比如，合同仅仅约定了许可使用某部电影的视频片段制作广告，没有获得对其进行修改或者改编的授权，而实际使用时为了追求特定的效果必须对该电影进行修改或者改编，这样就有可能被追究侵权责任。

假设某些作品的著作权是分散在若干个权利人手中的，同一部作品，A享有广播权，B享有信息网络传播权，C享有修改权，仅仅取得上述任一权利人的授权是不够的，还需要根据需要的使用范围和使用方式分别进行权利的审查并分别获取合法授权。直播带货通常要通过直播平台进行公开播放，如果没有取得作品著作权人合法授权的信息网络传播权，则极易引发侵权纠纷。

著作权领域侵权，还存在以下需要注意的情形。

1.构成作品广告语的侵权风险及防范

广告语通常是指经营者或广告主向公众推广其服务或商品时使用的与相应商品或服务能产生固定联系的特定宣传用语。优秀的广告语能以其生动、简洁、精准的文本，形象生动且集中巧妙地呈现商品或服务的特点，直击消费痛点，激发消费者的购物欲。因此，针对知名广告语的抄袭、模仿、盗用等行为，已经成为知识产权领域新型且高发的侵权方式。

广告语是否构成作品？是否可以主张著作权？简而言之，主要看广告语是否满足构成作品的实质性要件——即符合独创性要求。根据《著作权法实施条例》第二条的规定[1]，可知著作权法所保护的作品需要具备三个条件：（1）属于文学、艺术和科学领域内的智力成果；（2）智力成果能够以某种有形形式进行复制；（3）该智力成果应当符合《著作权法》的独创性。某些经过精心设计的广告语，系通过著作权人的拣选、组合或特定排列，体现出与其他智力成果不同的个性化因素，能够表达经营者对其商品或服务的经营思想及独特的产品理念，满足独创性要求，符合文字作品构成要件的，应被认定为作品，受《著作权法》保护。

【案例】广东美的制冷设备有限公司诉珠海格力电器股份有限公司侵犯著作权纠纷案[2]

广东美的制冷设备有限公司（以下简称"美的公司"）与珠海格力电器股份有限公司（以下简称"格力公司"）均是我国空调行业的龙头生产

---

[1]《著作权法实施条例》第二条：著作权法所称作品，是指文学、艺术和科学领域内具有独创性并能以某种有形形式复制的智力成果。
[2]佛山市禅城区人民法院（2017）粤0604民初15810号民事判决书。

企业。广东美的集团芜湖制冷设备有限公司为宣传美的公司的空调产品投入大量资金，于2015年9月至12月在中央电视台CCTV-1、CCTV-2、CCTV-3、CCTV-13等频道黄金时间段，于2017年6月至10月、12月在中央电视台CCTV-1、CCTV-2、CCTV-3、CCTV-4、CCTV-8、CCTV-9、CCTV-10、CCTV-13等频道黄金时间段，持续发布"美的舒适星空调"广告，并在广告中使用"有凉感，无风感"广告语。美的还在《空调商情》杂志封面发布"美的舒适星空调"广告，在京东、苏宁、天猫等平台宣传销售"美的舒适星空调"时也使用了"有凉感，无风感"广告语。2015年9月至2017年3月，"中国家电网""艾肯家电网""万维家电网""搜狐网"等媒介均对"有凉感无风感美的舒适星空调"进行了报道。2017年11月1日，广东美的集团芜湖制冷设备有限公司出具一份《声明》，明确将其对该广告语的合法权益授权美的制冷公司行使。2017年，格力公司在其开设在京东网购平台的官方旗舰店中介绍"臻净爽"系列空调产品时，使用了"有凉感，无风感""配有72个出风格栅精致送风"等广告宣传语。美的公司认为，"有凉感，无风感"广告语经过其连续3年多的宣传与推广，已在空调销售市场和相关消费群体中产生了广泛影响，并已有一定知名度。格力公司使用上述广告语的行为涉嫌对美的公司构成不正当竞争。

法院认为，涉案广告语"有凉感，无风感"，虽然内容上仅是对其空调产品送风功能的直观描述，但该广告语经设计后的上述表达方式已使其具有一定的独创性和显著性。而且，美的制冷公司于2015年9月开始使用该广告语宣传其"美的舒适星"空调产品，连续多年在中央电视台、行业杂志等媒体上投入大量资金持续宣传，至2017年10月其发现被控侵权行为时，美的公司使用涉案广告语的时间相对较长，地域覆盖范围广，可以推定相关空调消费者已将"有凉感，无风感"广告宣传语与其所对应宣传的空调产品及空调产品的生产者美的制冷公司间建立起了固定的联系。故格力公司使用涉案广告语的行为违反了《反不正当竞争法》第二条的规定，构成了对美的公司的不正当竞争行为。因此，该案中法院最终判令格力公司停止使用涉案广告语进行宣传，并赔偿美的公司相关经济损失50万元。

2.使用他人音乐或视频作品作为直播素材的侵权风险

主播在制作视频或者使用相关素材作为直播的素材时，除使用职务作品和委托作品外，往往还会直接使用一些网络上的现成素材。这些素材部分可能已经进入可免费使用的公共领域，任何人均可以自由复制和传播，使用时只要注意不侵犯作者对作品的署名权、修改权、保护作品完整权等相关人身性权利即可；但大部分素材尚未进入公共领域，不允许自由复制、传播。使用这些网络素材前一定要注意进行知识产权风险的判断。对于尚未进入公共领域、构成作品的素材必须取得著作权人的许可，支付相应的费用后方能使用。尤其需要注意的是，直接从网上下载获得的电子格式的素材，在使用时一定要慎之又慎。因为电子格式的素材在网络传播的过程中可能经过了多手复制和编辑，用来表明最初著作权人的信息等可能已在转载过程中丢失，如直接使用此种电子格式的素材，很可能面临著作权侵权的风险；而且著作权侵权采取的是无过错原则，只要存在侵权行为，又不符合法定合理使用条件，而被认定未尽到合理的审查注意义务，就有可能被认定构成著作权侵权。

【案例1】刘牧雨诉上海一条网络科技有限公司侵犯著作权纠纷案①

上海一条网络科技有限公司（以下简称"一条公司"）在其官方微信

---

①北京市海淀区人民法院（2018）京0108民初34939号民事判决书。

公众号"一条"发布了标题为《在幼儿园得了短跑冠军后，他准备跑100个马拉松》的广告文章，正文中使用了刘牧雨拍摄制作并首次发表于新片场网站（www.xinpianchang.com）"刘牧雨"个人主页、名称为《自驾崇礼滑雪》的视频。涉案视频主要内容系刘牧雨和同伴苏某驾驶沃尔沃新款XC60汽车行驶至崇礼滑雪的驾驶过程及沿途风景（视频中具体展示了该款汽车的整体外观、仪表盘、变速箱、后备箱感应等智能化启动的特写，还利用无人机对车辆驾驶行进过程进行跟拍的画面，另还展现了崇礼雪景及朋友两人滑雪等画面，视频总时长2分8秒），文章阅读量超过10万人次。

法院认为，根据《著作权法实施条例》第四条第一款第十一项之规定，以类似摄制电影的方法创作的作品（以下简称"类电作品"），是指"摄制在一定介质上，由一系列有伴音或无伴音的画面组成，并且借助适当装置放映或者以其他方式传播的作品"。涉案视频是由类电作品作者使用专业摄像设备拍摄，并根据自身审美将多个拍摄素材连贯剪辑拼接而成。该类电作品记载了驾驶新款沃尔沃汽车前往崇礼滑雪沿途的系列风景、车辆特写等画面，类电作品的拍摄和剪辑充分展现了作者的智力成果，涉案类电作品虽时长较短，但仍符合类电作品的独创性要求，属于《著作权法》保护的作品。一条公司未经刘牧雨许可且未为刘牧雨署名的情况下，在其经营的名为"一条"的微信公众号和同名的新浪微博账号上将涉案类电作品作为车辆广告进行投放，使相关公众可以在其个人选定的时间和空间获取涉案类电作品的行为，侵害了刘牧雨对涉案类电作品享有的署名权及信息网络传播权。最终审理法院依照《著作权法》第四十八条第一项、第四十九条的规定，判令一条公司在其经营的同名微信公众号和微博账号的首页连续二十四小时就侵害作者署名权的行为，刊登致歉声明，向刘牧雨赔礼道歉；并赔偿刘牧雨因此受到的经济损失500000元及合理开支

24200元。一条公司一审后不服判决，提起上诉，二审法院维持原判。

【案例2】北京音未文化传媒有限责任公司诉徐州自由自在网络科技有限公司、北京春雨听雷网络科技有限公司等侵害录音录像制作者权纠纷案[1]

北京音未公司获Lullatone.Inc（日本知名唱片公司）的合法授权，取得音乐《Walking On the Sidewalk》（以下简称"涉案音乐"）独家使用版权及维权权利。2019年1月8日，北京音未公司发现春雨听雷公司未经许可擅自将涉案音乐作为名为"20180804期2018最强国产手机大测评"商业推广广告视频的背景音乐进行使用，并将该视频上传，通过自媒体账号"Bigger研究所第一季"在"酷燃视频"平台进行传播。网页截图显示涉案视频观看量为5479510次，转发量30093次，评论量5027次，点赞量28643次。

法院认为，北京春雨听雷公司未经许可擅自使用涉案音乐为背景音乐制作涉案视频并上传至"酷燃视频"等平台的行为，包含了《著作权法》保护的复制行为及信息网络传播行为，因信息网络传播行为在实施过程中必然经过复制过程、存在复制行为，故上述侵犯信息网络传播权的行为可以吸收前置的复制行为。因此，春雨听雷公司上述行为侵犯了涉案音乐作品的信息网络传播权。最终法院判令春雨听雷公司赔偿北京音未公司就此产生的经济损失4000元及合理开支3000元。

【案例3】上海蜜淘影业有限公司诉吴君威侵害作品信息网络传播权纠纷案[2]

---

[1] 北京互联网法院（2019）京0491民初22014号民事判决书。
[2] 上海市浦东新区人民法院（2019）沪0115民初34911号民事判决书。

上海蜜淘影业系电视剧《凉生，我们可不可以不忧伤》（以下简称"涉案电视剧"）的出品方之一，对涉案电视剧享有完整著作权。吴某在淘宝网平台经营名为"YZ自制女装wu539801223"的店铺，该店铺中的9个产品链接在商品介绍配图中均使用了涉案电视剧的人物形象截图与实际销售服装照片的拼接，网店还使用了一段时长约28秒、截取自涉案电视剧的视频。

评析：吴君威未经上海蜜淘影业或涉案剧独家信息网络传播权人的许可，为宣传自身销售的产品，将上述截图、短视频置于其网店，使公众可以在其个人选定的时间和地点获得上述作品（节选或片段）的行为，系侵犯了上海蜜淘影业以及涉案剧独家信息网络传播权人对涉案作品享有的信息网络传播权。最终法院判令吴君威赔偿上海蜜淘影业为制止侵权行为而支出的合理费用3195元。

3.字库中特殊字体的侵权风险

有些特殊作品，可能大多数人并不知道其可能受到著作权保护，例如字体。《著作权法实施条例》第二条对"作品"有明确的定义，"作品是指文学、艺术和科学领域内具有独创性并能以某种有形形式复制的智力成果"。《著作权法实施条例》第四条第一款第八项规定，"美术作品，是指绘画、书法、雕塑等以线条、色彩或者其他方式构成的有审美意义的平面或立体的造型艺术作品"。字库中的单字字体如果满足上述法律法规规定的要件，即具有独创性、能以某种有形形式复制、属于有审美意义的平面造型艺术，就能被认定为受《著作权法》保护的美术作品。

字库中的单字字体是否满足独创性要求，判断的标准须先遵循美术创作的判断标准，即根据汉字的笔画数量、笔顺特征、字形结构等特点进行考量；其次是须将体现在单字上的艺术特点、风格与公共领域已知的其他美术字体如宋体、黑体、仿宋体等进行比较，判断主张权利的单字字体是否具有明显的不同或一定的创作特点；再次是须将主张权利的书体字库中的单字与公共领域已知字库中其他相近书体中的相同单字进行比较，判断主张权利的单字是否具有明显的创意性或一定的创作特点。

在商业推广或广告活动中避免字体侵权，需要注意以下事项：

（1）不要随意使用网页宣称的"免费字体"。比如，常见的"微软雅黑"字体就不是在任何情况下均免费的商用字体。该字体的商业版权属于北大方正电子有限公司，微软公司委托方正公司制作了"微软雅黑"字体，但微软公司对该字体仅有使用权，其他主体只有在Windows系统中可以免费使用，且免费使用范围仅包括屏幕输出和以个人使用为目的的打印，而不能以商业为目的进行使用，否则就容易被诉侵权。

（2）可通过某些专业网站[①]查询是否可商业使用。作为短视频的制作者，除非不通过网络上传作品，仅供自己欣赏使用，否则只要上传网络构成公开发表，就可以被推定为以营利为目的的商业使用。因此，在视频上打字幕即使用字体之前，请务必事先查询要使用的字体，是否允许免费商业使用。

（3）尽量使用宋体、黑体、楷体等已经属于公共领域范围的传统字体。另需要特别注意的是，购买字体字库软件不一定代表已经取得了单字字体著作权人的许可。

【案例】北京汉仪科印信息技术有限公司诉青蛙王子（中国）日化有

---

①具有查询功能的字体网站有：360查字体网站，https://fonts.safe.360.cn；字客网网站，https://www.fontke.com；求字体网网站，http://www.qiuziti.com；等等。

限公司及福建双飞日化有限公司侵害著作权案[1]

青蛙王子（中国）日化有限公司生产的8款产品外包装以及产品的包装上，均将使用汉仪秀英体的"城市宝贝"四字标注在显著位置，同时也标注了"青蛙王子"注册商标。

法院认为，福建双飞公司及青蛙王子（中国）公司未经字体著作权人许可，在其生产的产品上以商业目的使用汉仪公司拥有著作权的"城市宝贝"单字，其行为构成著作权侵权。考虑到侵权产品在全国范围销售，且所涉产品类别较多，结合商标使用的持续时间、商业用途、商标文字对产品销售的作用以及涉案文字在包装上使用等因素，因此法院最终判令福建双飞公司及青蛙王子（中国）公司停止使用涉案注册商标标识，停止在其产品包装上使用汉仪秀英体的"城市宝贝"四字，并赔偿汉仪公司经济损失4.8万元。

第二节　直播带货的不正当竞争风险

除了上节介绍的商标权、专利权、著作权等相对来说明确且容易关注的知识产权风险之外，不正当竞争行为显然属于更为隐形的侵权行为。

---

[1]南京市中级人民法院（2011）宁知民初字第59号民事判决书。

一、不正当竞争之虚构交易行为

直播行业数据造假问题已非新闻，但随着头部主播粉丝效应的不断加强，以及部分娱乐明星的参与，数据造假问题越发严重。在2020年"双十一"互动结束后不久，中国消费者协会发布了"双十一"消费者维权舆情分析报告，指出汪涵、李雪琴等人在"双十一"直播中存在数据造假问题。据澎湃新闻报道，2020年8月至10月，抖音直播业务部查处、封禁刷粉等作弊账号28万个，封禁刷人气作弊账号92万个。快手平台则通过技术手段全链路布防，对于刷人气、刷单行为进行发现和监控，一经核实，相关刷量数据将全部删除，并根据违规情况对账号、购物车功能进行处罚。

行业主管部门和相关监管部门亦针对上述现象和行为发声，国家市场监管总局发布的《关于加强网络直播营销活动监管的指导意见》第四点第九条明确规定"依法查处不正当竞争违法行为"，"针对网络直播营销中虚构交易或评价、网络直播者欺骗和误导消费者等不正当竞争问题，依据《反不正当竞争法》，重点查处实施虚假或者引人误解的商业宣传、帮助其他经营者进行虚假或者引人误解的商业宣传、仿冒混淆、商业诋毁和违法有奖销售等违法行为。"2020年7月1日起实施的《网络直播营销活动行为规范》也对直播带货行业中普遍存在的刷单、虚假宣传等行为作了规定。上述《规范》第六条规定："网络直播营销主体不得利用刷单、炒信等流量造假方式虚构或篡改交易数据和用户评价，不得进行虚假或者引人误解的商业宣传，欺骗、误导消费者。"利用上述刷单工具、平台进行虚构交易或评价的直播主体，可能同时涉嫌违反《反不正当竞争法》第二条的诚信原则，而被相关电商平台以不正当竞争之诉追究民事侵权责任。

【案例】浙江淘宝网络有限公司、浙江天猫网络有限公司等与杭州简世网络科技有限公司不正当竞争纠纷案[①]

2014年9月，杭州简世网络科技有限公司（以下简称"杭州简世公司"）开始通过其旗下名为"傻推网"的刷单平台，从事网络刷单、炒信等违法行为。一方面，杭州简世公司利用网络卖家希望通过增加交易量、提升商家产品排名、获取更多好评等方式，来获取更多商业交易机会的利益诉求和心理需要，吸引网络卖家无条件在"傻推网"平台注册登记，并发布刷单任务；另一方面，杭州简世公司利用网络刷手迅速快捷、无本起利、积少成多等利益诉求和心理预期，吸引网络刷手无条件在其平台上注册登记，领取刷单任务。因刷单任务中的交易双方均未产生实际商品交易，刷单目的即是通过创造虚假网络销售数据以及增加虚假好评数量，让网络消费者误以为某商品服务优质、销售数量大、好评率高，从而使消费者改变选购决定。刷单行为的实质，即通过制造虚假商品交易和评价数据误导消费者，以影响其选购决定的行为。

法院认为，信用评价体系系淘宝公司、天猫公司的核心竞争利益。两平台上的消费者在网购决策过程中已养成对信用交易和评价数据的依赖。杭州简世公司经营的"傻推网"组织刷手实施专业刷单行为，属于违反商业道德和诚信原则的行为，客观上造成了两原告平台相关销售和评价数据不真实，直接影响、破坏了两原告公司构建的信用评价体系，此举将导致消费者对两平台数据产生不信任，以致对平台上销售的商品或服务的质量产生某种合理怀疑。该行为损害了两公司的核心竞争利益和市场声誉，亦即损害了两原告的合法商业利益。且杭州简世公司成立并经营案涉刷单平

[①] 杭州市西湖区人民法院（2016）浙0106民初11140号民事判决书。

台，其目的即是谋取非法利益，且确已获利。因此，杭州简世公司存在不正当竞争行为。最终法院判令杭州简世公司的行为构成不正当竞争，其应赔偿淘宝公司、天猫公司就此产生的经济损失及合理费用202000元。

二、不正当竞争之商业混淆行为

直播带货过程中可能出现的商业混淆，是指《反不正当竞争法》第六条所规制的混淆行为，即在直播带货时实施的（一般以广告词形式呈现）足以引人误认为该商品是他人商品或者与他人存在特定联系的混淆行为。

常见的情况有以下几种：（1）主播在宣传推广时，直播间的实物装饰或者电子装饰使用他人在先具有一定影响的商品包装、装饰、装潢。比如主播在推介箱包类商品时，在实物背景空间或者电子装饰物上，大量使用同行业其他品牌已经被相关公众和消费群体所熟知并具有一定辨识度的装饰图案或图形；（2）主播在直播过程中的商品描述里，明示或暗示带货产品系某厂、某公司、某明星或其他某当红主播出品的商品，或者是与其有联系的商品；（3）主播在直播过程中的商品描述里明示或暗示带货商品是某明星或其他某当红主播力推过的商品，或者是与其有联系的商品。前述情形及其他相似情形下，使得观看直播的相关消费者误认为系该知名品牌的商品或者与该品牌有一定的联系，无论这种误认是否实际发生，均有可能被认为系违反《反不正当竞争法》第六条规制的商业混淆行为，因上述行为涉嫌攀附他人商誉，破坏市场竞争秩序，有可能被要求承担相应法律责任。

三、不正当竞争之虚假宣传行为

直播带货过程中出现的"虚假宣传"，一般是指以捏造、虚构、歪曲事实或者其他误导性方式，对商品质量等做出与实际情况不符的宣传。我国法律对于"虚假宣传"行为的规定，除《广告法》规定应承担行政法律责任外，还包括《反不正当竞争法》第八条的规定，即"经营者不得对其商品的性能、功能、质量、销售状况、用户评价、曾获荣誉等作虚假或者引人误解的商业宣传，欺骗、误导消费者；经营者不得通过组织虚假交易等方式，帮助其他经营者进行虚假或者引人误解的商业宣传"。

如果内容本身的真实性难以确认，那么构成引人误解的虚假宣传一般没有争议；如果内容是真实无疑的，但准确度和全面性存疑，出售或购买该产品的相关主体可能会判断错误或者存在误认，该商品被主观附加了原本没有的品性和特点，随之而来的不正当利益或者竞争优势会被认为有悖于诚信原则，"引人误解的虚假宣传"的关键词在于"引人误解"，当行为被认为产生了引人误解的效果可能被纳入《反不正当竞争法》所规制行为的范畴。

举例来说，某主播在带货过程中经常说："（带货商品）真的太优秀了，买它，买它！"如果一个消费者因信任主播的上述宣传语，购买了该带货商品，但使用后觉得效果不如意，该主播的上述行为是否构成具有夸大成分的"虚假宣传"行为呢？答案是不构成。上述宣传语中并未包含任何针对带货商品的具体"事实评价"，只是通过煽情的语气和句式来表达该主播的个人主观感受，故此种情况不符合《反不正当竞争法》第八条对"性能、功能、质量、销售状况、用户评价"等作出不符合事实的评价的情况，也因此不属于《反不正当竞争法》所规制的"虚假宣传行为"范畴。

所以，为避免给自己和商家带来麻烦，建议主播在直播带货过程中，尽量以带有个人感情色彩的价值性评价和感叹作为带货的主要表达方式，而尽量避免对商品作出具体的、指示性的事实描述，从而避免被认定为虚假宣传行为。

四、不正当竞争之商业诋毁行为

在直播带货过程中，主播的宣传推广还比较容易触发商业诋毁的法律风险，落入《反不正当竞争法》第十一条的规制范围，即"经营者不得编造、传播虚假信息或者误导性信息，损害竞争对手的商业信誉、商品声誉"。

商业诋毁的行为方式具有多样性，尤其在网络时代，"虚假信息或误导性信息"的传播、散布方式通常具有多样性，判定方式也更加复杂。在直播带货过程中，主播常会用到对比广告的手段，将自己带货的产品与其他厂商的同类产品进行比较，或明示或暗示自己带货的商品比其他厂家的同类商品更加优质，或对其性能、质量做出带有比较性质的具体分析。事实上，未进行必要而充分的调查研究和准确分析，那么可能涉嫌对他人商品造成不实贬损，从而构成商业诋毁行为。"对比广告"的法律风险是非常大的，除了可能构成商业诋毁，过度将带货商品与在先知名商品做性能比较，宣扬该产品和在先知名商品一样好，即使不构成商业诋毁，也有可能被定性为《反不正当竞争法》第二条中所指的违反诚信原则和商业道德、扰乱竞争秩序而承担相应的侵权法律责任。

针对上述不正当竞争风险，本书提出如下合规建议：

（1）直播中所描述的内容或展示的物品必须客观、真实。纯粹的无中生有显然是虚假信息，但真实却不完整、片面真实的信息亦属于虚假信息或误导性信息。直播带货时应尽量发表事实性言论，且该言论在陈述事实时必须客观真实，不应导致相关公众产生误解。

（2）尽量避免使用对比广告或类似方式的直播文案。尽管对比广告显然有立竿见影的广告效果，主播们可以更清晰、直观地突显带货产品的优势，宣传效果更为直接，但大部分主播很难在对比广告中做到客观公正，由此会带来不正当竞争的风险。

（3）主播通过网络平台或直播平台发布任何带货言论时更须谨慎。在网络环境下，主播们发表言论更为方便自由，但也更易损害他人的商业信誉、商品声誉。主播团队的其他员工为工作目的在微博、微信上发布的言论，若损害他人的商品声誉、商业信誉，同样也可能构成商业诋毁。

【案例1】武汉土家硒泥坊科技有限公司诉李佳琦网络侵权责任纠纷案①

2018年9月2日，李佳琦在淘宝直播推介商品时，多次从众多商品中拿起武汉土家硒泥坊科技有限公司（以下简称"武汉公司"）的产品，并说道："……这是土家气垫霜，……可能真的叫作土家，所以它很土，好丑啊，怎么会有这么丑的气垫霜，丑到连拿都不想拿它，我当时觉得可能是外面丑，就是这种风格吧。我拿出来之后，打到手上，连没有卸掉的口红印都遮不掉，……请这个品牌老板换一个设计师，求你了，你没有钱来请我，我帮你设计一个气垫好不好？"武汉公司于2018年9月2日发现后，认为该视频有诋毁原告品牌的言论，对其公司产生了负面影响，遂通过李佳琦直播间的工作人员要求对上述视频做删除处理。但该视频一直未删除。武汉公司遂向法院起诉，要求李佳琦删除"淘宝直播"平台上播放的涉嫌诋毁武汉公司声誉和产品信誉的视频信息；在"淘宝直播"平台首页显要位置向原告公开声明赔礼道歉、消除影响，并赔偿因此导致武汉公司涉案商品社会评价降低而产生的经济损失100万元和维权发生的合理费用4万

①武汉市硚口区人民法院（2019）鄂0104民初1586号民事判决书。

元。李佳琦方面坚持认为，视频中出现的对"土家硒泥坊"产品评价尽管言语有些夸张，但属于对商品的正常批评范畴，并未导致武汉公司的社会公众评价降低，也未给武汉公司造成实际的经济损失，不构成网络侵权，不应承担侵权责任。在法庭审理结束后，李佳琦将上述相关视频予以删除。

法院认为，《最高人民法院关于审理利用信息网络侵害人身权益民事纠纷案件适用法律若干问题的规定》第十一条规定："网络用户或者网络服务提供者采取诽谤、诋毁等手段，损害公众对经营主体的依赖，降低其产品或者服务的社会评价，经营主体请求网络用户或者网络服务提供者承担侵权责任的，人民法院依法予以支持。"由于武汉公司已向李佳琦提供了单位名称和联系方式，提供了足以准确定位侵权内容位置的有关信息，提出了删除侵权内容的合理理由，并通知了李佳琦；但李佳琦未及时采取必要措施，直到案件审理终结后才作出删除视频的处理，故法院认定武汉公司因诉讼而支出的律师费、公证费属于扩大损失，根据《最高人民法院关于审理利用信息网络侵害人身权益民事案件适用法律若干问题的规定》第十八条第一款之规定，应由李佳琦承担赔偿责任。另外，由于武汉公司未有证据证明李佳琦不及时删除不当视频信息的行为，已侵犯武汉公司的名誉权、网络传播权，降低了社会公众对武汉公司的公众评价，故法院对武汉公司要求李佳琦在"淘宝直播"首页显要位置公告声明向原告赔礼道歉、消除影响、赔偿损失等诉讼请求，不予支持。法院在该案中判令李佳琦向武汉土家硒泥坊科技有限公司支付律师费30000元、公证费10000元。

【案例2】义乌市大宇袜业有限公司诉义乌市向峰袜业有限公司不正当竞争纠纷案[①]

① 义乌市人民法院（2020）浙0782民初4841号民事判决书。

　　义乌市向峰袜业有限公司（以下简称"向峰公司"）运营的"POPOKI素材号的直播间"在直播过程中，直接以带有义乌市大宇袜业有限公司（以下简称"大宇公司"）包装和商标LOGO的袜子与向峰公司自身销售的"猫爪袜"进行比对，以镜头近景特写的形式进行醒目展示，对大宇公司生产销售的"菠萝袜"的商品质量进行诋毁宣传，称："这一款菠萝袜一扣就整个脱丝了，像我们的随便怎么捅，随便怎么大的洞随便你怎么戳，一款戳不破的不会破的袜子……"大宇公司认为，向峰发布的对比性广告具有特指性，对大宇公司的商品及声誉进行诋毁。实际上，大宇公司的"菠萝袜"质量较好，不存在视频中所提的"一脱整个都脱了"的情况。因此向峰公司的行为违反了《反不正当竞争法》第十一条的相关规定，其行为已构成不正当竞争中的商业诋毁行为，应承担相应的民事责任。

　　法院认为，《反不正当竞争法》第十一条规定："经营者不得编造、传播虚假信息或者误导性信息，损害竞争对手的商业信誉、商品声誉。"本案中大宇公司、向峰公司在经营范围、经营地址、客户群体方面具有高度重合性，具有直接的竞争关系。存在竞争关系的经营者之间，在评论对方产品时更应当谨慎。本案被诉侵权视频中，向峰公司把大宇公司生产的"菠萝袜"作为竞争产品进行比对，且其发表的评论贬损了大宇公司的产品质量，传播误导性信息，影响相关公众包括经销商、消费者的决定，损害了大宇公司的商业信誉、商品声誉、市场份额，构成商业诋毁。法院在该案中判令向峰公司立即停止对本诉大宇公司的商业诋毁行为，立即删除发布在"POPOKI素材号的直播间"的视频中关于大宇公司"菠萝袜"部分的内容；在上述视频所在网站上刊登消除影响的声明，并赔偿大宇公司由此产生的经济损失5万元。

第三节　主播作为销售者的知识产权合规

另一种"直播带货"模式中，主播的带货收入与其销售的商品、服务的数量或利润直接挂钩，即主播与商家约定了以其销售的数量或利润为基数，以一定的比例结算费用作为其收入的。在此情形下，可认定主播进行的是单独或者合作的销售行为。此时，主播的法律地位应认定为系产品或服务的直接或者共同销售者。

国家市场监管总局《关于加强网络直播营销活动监管的指导意见》针对直播销售行为中可能出现的违法违规问题进行了相应的规范，其中第四点第九项规定："依法查处不正当竞争违法行为。针对网络直播营销中虚构交易或评价、网络直播者欺骗和误导消费者等不正当竞争问题，依据《反不正当竞争法》，重点查处实施虚假或者引人误解的商业宣传、帮助其他经营者进行虚假或者引人误解的商业宣传、仿冒混淆、商业诋毁和违法有奖销售等违法行为。"第十一条规定："依法查处侵犯知识产权违法行为。针对网络直播营销中售卖侵犯知识产权产品等问题，依据《商标法》《专利法》，重点查处侵犯注册商标专用权、假冒专利等违法行为。"

一、多重销售关系下的共同侵权问题

直播带货商业模式下，可能存在多重主体联合销售，或者主播与销售者身份混同的情形，消费者根据可见的公开信息难以辨识真正的销售主体，相应的法律关系也随之变得复杂。常见的情况如：电商平台未公示店铺经营主体信息，以电商平台集中销售的方式进行销售；直播平台同时融合了电商平台的功能，平台还可以代为收取销售款；主播的直播平台账号直接关联自营线上店铺。

如果此时主播销售的产品被控侵犯他人知识产权，权利人发起维权行动时，通常会推定以下主体作为最先的维权对象：（1）电商平台未公示商铺注册主体，推定电商平台为销售者；（2）直播平台兼具销售平台功能时，推定直播平台为销售者；（3）不管前序购买流程，推定收取销售款的主体为销售者；（4）不管实际存在几重销售关系，推定主播为销售者。

此时，被推定为销售者的主体例如上述第4种情况中的主播，为澄清自己的法律责任以免承担本不应由其承担的法律责任，需要进一步向维权人披露各主体之间的真实法律关系，进一步帮助权利人判断并选定准确的维权对象。当然，作为共同销售者的主播，为预防被认定共同侵权的法律风险，在签订相应销售合同及相关权利文件之时，首先要厘清与上家、下家之间的法律关系，并了解各种可能被认定共同侵权责任的情况，才能采取相关的措施和对策避免承担责任。

（一）知识产权共同侵权

侵权责任法中，承担共同责任的前提是不同主体之间存在共同侵权行为。知识产权侵权属于民事侵权行为，故《民法典》第一千一百六十八条、第一千一百六十九条也可以作为认定知识产权共同侵权的请求权基础。关于意思联络型共同侵权的构成要件，可结合最高院在相关判例中体现的裁判要旨进行归纳，一般来讲，应该具备以下要件："加害主体为两人或者两人以上；各加害人主观上具有共同意思；各加害人彼此的行为之间客观上存在相互利用、配合或者支持；各加害人行为造成的损害后果在其共同意思的范围内。"[1]

相关知识产权法律关于共同侵权的特殊规定还包括以下内容。

（1）《商标法》第五十七条第六项之帮助侵权行为：即"故意为侵犯他人商标专用权行为提供便利条件，帮助他人实施侵犯商标专用权行为属于侵犯注册商标专用权的行为。"商标权人可以仅起诉帮助者，无须再将被帮助者列为共同被告。

（2）最高人民法院《关于审理侵犯专利权纠纷案件应用法律若干问题的解释（二）》第二十一条之帮助、教唆行为。该条规定是帮助、教唆型共同侵权行为在专利法领域的体现。

（3）最高人民法院《关于审理侵害信息网络传播权民事纠纷案件适用法律若干问题的规定》第四条："有证据证明网络服务提供者与他人以分工合作等方式共同提供作品、表演、录音录像制品，构成共同侵权行为的，人民法院应当判令其承担连带责任。"该条规定适用于侵害信息网络传播权的情形，除了要求行为人之间存在分工合作或其他行为外，主要是看加害主体之间是否具有共同侵权的意思联络。

（二）直播模式下影响共同侵权判定的因素

首先，假设直播中销售产品的购买链接点击后，可以直接跳转至电商平台网店产品页面的，该直播平台可能被推定为共同销售者之一。此时，如直播带货的主播的报酬系依托于产品销售数量、销售价格或者利润的，也有可能被认定为共同销售者之一，两者可能构成共同侵权。

其次，假设主播仅就商家产品的销售进行宣传推广，就需要根据其销售商品侵权是否易于判断来推定主播是否存在帮助侵权行为：如果是否构

---

[1]《最高人民法院知识产权案件年度报告（2018）摘要》，《人民法院报》，2019年4月25日。

成知识产权侵权并非显而易见，主播也举证证明其已经尽到了一定的审核义务，如商家向主播出具了书面正品承诺，如使用的是相同的商标，如属于近似度判断较复杂的著作权纠纷，由于带货主播并非法律专业人士，不能苛求其具备专业的侵权判断能力，故倾向不认定帮助侵权。反之，如果属于主播或一般消费者均有能力判断的侵权情况，即推定应知可能存在侵权的情况下，主播的带货行为极大概率会被认为可构成为侵权提供帮助的行为，构成共同侵权。

最后，假设从消费者的外观主义角度难以判断直播平台与电商平台及主播是否存在关联关系，或身份混同，销售过程中直播平台或主播又存在代为收取涉嫌构成知识产权侵权的产品销售款的情况，直播平台或主播是否构成帮助侵权的共同侵权主体呢？答案是大概率会。因代收销售款的行为很大概率会被认定为参与了经营销售的环节之一，很可能会给直播平台或主播带来被认定为共同侵权的法律风险。

基于上述讨论，直播带货商业模式中各主体想在复杂的法律关系中清晰各自的法律关系，规避知识产权共同侵权的法律风险，往往需要一整套完善的协议来规范、划清各主体之间的责任界限，上述问题可以通过合同合规来解决。除此之外，知识产权领域也为"无辜"的销售者设定了其他的抗辩理由——即下文将详细论述的"销售者之合法来源抗辩"。

二、销售者之合法来源抗辩

合法来源抗辩是知识产权侵权案件中作为销售者的主要抗辩理由之一。知识产权法上的合法来源抗辩，通常被认为来自民法"保护善意第三人"法律精神，其立法本意在于保护商品交易过程中因不知情而使用或销售可能侵害相关权利人之合法知识产权的善意第三人，以平衡知识产权权利人与善意第三人之间的利益，在有效保障权利人权益的同时，也兼顾了市场经济高效的商品流通秩序。相较于知识产权领域的其他抗辩理由，诸如专利侵权之现有技术抗辩、商标侵权之正当使用抗辩、著作权侵权之合理使用抗辩等，"合法来源抗辩"具有自己的独特优势，它通常被认为具有更低的证明标准或更简单的适用条件，故往往被被诉侵权方作为兜底抗辩策略，在各类知识产权案件中被使用的频率非常高。

（一）合法来源抗辩的法律依据

《专利法》《商标法》均明确规定合法来源的抗辩事由，分别体现在《商标法》第六十四条第二款和《专利法》第七十条。那《著作权法》是否也存在合法来源抗辩的规定呢？目前存在争议。《著作权法》（2020年修订）第五十九条第一款规定："复制品的出版者、制作者不能证明其出版、制作有合法授权的，复制品的发行者或者视听作品、计算机软件、录音录像制品的复制品的出租者不能证明其发行、出租的复制品有合法来源的，应当承担法律责任。"该内容经常被认为是《著作权法》也存在"合法来源抗辩"的依据。另外，《著作权法》第十条第六款关于"发行权"的定义——"以出售或者赠与方式向公众提供作品的原件或者复制件的权利"——通常被认为是合法来源抗辩在著作权领域的理据。

上述三部单行法对于合法来源抗辩的规定均包含了主观要件与客观要件，但又因为具体权利内容的不同存在差异：如行为主体方面，《商标法》明确仅适用于销售者，《专利法》针对的对象一般为使用者、销售者以及许诺销售者，《著作权法》如上所述仅限于复制品的发行者或电影作品；在具体适用行为、主观状态以及责任后果方面也存在细微差别，此处不做赘述。以下以实务为导向，仅从两个基本要件进行分析，以期相关被控侵权的无辜销售者可合理合法地适用"合法来源抗辩"来维护自身的合法权益。

（二）合法来源抗辩之主观要件

合法来源抗辩的主观要件，一般是指普通大众有充分理由相信被控侵权人实际不知道或者不应该知道其所销售的商品构成对他人知识产权的侵害。由于主观状态通常是无形的，很难通过客观证据来证明，故主观要求一直是实务中主张合法来源抗辩制度的最大难点。

首先，"不知道"指实际上或事实上确实不知道，同时也包括"可能"的状态，即"不应当知道"。也就是说，所谓的"不知道"应指向实际不知道且不应当知道的情形。如果销售者系实际上知道侵权或实际上不知道但是通过常识推理其应当知道侵权的，该销售者均不能主张合法来源抗辩。

其次，"不知道"通常需要由权利人以相应的客观证据予以证明，比如提供该销售者曾经是权利人的股东、员工、业务合作者等证据，提供能证明该销售者曾经有相同或类似的侵权行为的证据，等等。而"实际不知道但应当知道"通常只能是一种事实推定的状态，通过陈述以合理理由或合理推定说服法官，法官结合具体案情、各方举证、产品本身的特点等而作出合理的自由裁量。

作为主张合法来源抗辩的销售者，在双方都缺乏直接证据的情况下，应以哪些因素或者理据来说服裁判者坚定内心的确信，从而作出销售者"不应当知道"的推定呢？可从以下几个方面来考虑：（1）商标权或著作权形象本身的知名度。商标的知名度一直是推定相关主体是否"知情"的主要考量因素，所谓知名度越大，保护力度也越大。《商标法》中关于"商标注册中他人在先权利的保护""对于未注册驰名商标的保护"都是以知名度来推定相关主体是否知情或是否具有恶意的基础。因此如果一项商标权或著作权形象具有较高的知名度，法官就会更倾向推定销售者"应当知道"；反之，则可能得出相反的结论。此处的"知名度"，应以一般社会公众的角度作出判断。（2）是否存在竞争关系。如果涉嫌侵权的销售商与知识产权权利人为相同或近似业务领域的从业者，法官可能会更加倾向得出该销售者应当负有比普通人更高的注意义务；而如果主播销售的是具有较高专业度的小众产品，则不宜对其要求过高的注意义务。（3）地域性因素的考虑。假设被控侵权人销售的被控侵权产品与知识产权权利人的正版产品均在多家大型卖场同时销售，涉嫌侵权人以"不应当知道"为由进行抗辩，就缺乏说服力了。（4）销售者本身的性质、规模及实力。以直播行业来看，一般来说，粉丝数量越大、业内知名度越高、团队规模越大的主播，应当比新出道、粉丝数量较少的小主播负有更高的合理注意义务。

提出合法来源抗辩的销售者欲证明其尽到了合理注意义务，可从以下几个方面准备证据：（1）销售者本身的识别能力。比如销售者本身是个体工商户，不具备相关行业知识，其日常销售的商品种类和品牌较为单一，经营规模小和销售时间短，且从未受到过知识产权侵权行政查处或知识产权权利人任何形式的预警等。（2）销售者根据商标和商品的有关情况识别出正品和侵权商品差别的可能性。如相关注册商标知名度低，如被诉侵权标识与涉案注册商标的相似度不高，如被诉侵权商品与正品的外观相似度不高，如被诉侵权商品系以相对合理的价格购入，或者低价购进存在特殊原因或合理理由，如被诉侵权商品的销售价与进价的价差符合行业常理，被诉侵权商品系食品、药品等有特殊进货要求的商品等。（3）证明合法取得的证据同样也可用于佐证销售者"不知道"。

（三）合法来源抗辩之客观要件

合法来源本身应包含两方面含义，即来源明确与来源合法。其中，来源明确属于对客观事实的一种判断，来源合法除对客观事实进行认定外，还包含了法律评价的色彩。

如何理解"来源明确"？抗辩的销售者仅需要提供产品来源的线索是否满足"来源明确"的要求，还是一定要侵权人提供具体提供者的身份信息？如有些情况下，中间销售商或者个体工商户通过小商铺、微商等进货后，很难提供具体的提供者信息，而仅能提供来源的线索和渠道，可否认定属于"来源明确"？此时需要结合合法来源抗辩制度设计的初衷来寻求答案。该制度设计的初衷之一便是鼓励善意销售者供出真正的侵权生产者、制造者，以有利于权利人针对他们进行维权。因此，如果侵权人仅仅能够提供产品来源的渠道或线索，而无法提供具体供货商的身份信息，则无法达到"供出真正的侵权制造商"的效果，而且容易鼓励侵权性销售的泛滥，不利于市场经济的正常秩序维护，此时不宜认定为"来源明确"。此外，《商标法》第五十六条的条文文义本身就明确规定了侵权人必须同时履行"说明提供者"的义务。

该如何理解"来源合法"呢？"来源合法"应当包括合法渠道、正常交易、合理对价。合法渠道是指正常的市场销售渠道，不能是黑市、明显缺乏经营某种产品或服务的经营资质的经营者以及其他非正常渠道。

（1）正常交易，一般是指以双方签订买卖合同为判断标准。此处的买卖合同应充分考虑国内商品经济的现实，不应苛求每起交易都提供完备的书面合同，如果能以其他相应的证据链条（如进货凭证、转账记录、发票、收据、维修记录等）予以佐证的，也应当认定买卖合同成立。即如果侵权人未支付对价或明显以低于市场的价格获得侵权产品的，一般不能主张合法来源抗辩。

（2）在互联网平台完成的交易有别于实体交易模式。一是在主体上体现为个人卖家只需要经过淘宝实名认证而不需要工商注册登记，买卖双方的主体信息除了可以在淘宝的后台数据查询获取以外，还会呈现在买卖双方交易时的订单信息中；二是在交易过程中当买家点击购买商品后会形成相应的订单，订单中包括商品的名称、数量、单价、折扣及总价等合同关键的要素，因此订单可视为双方的交易合同；三是合同的履行是通过物流送货以及第三方支付平台支付宝完成付款的，送货和付款记录都可以在订单信息中得以呈现。

（3）在线交易模式中，侵权人清楚地知道与侵权产品相同或同类产品的一般市场交易价格，并据此设定了其自行销售的侵权产品价格，故其向他人采购侵权产品时，应当注意到该采购单价与市场价格相差甚远；而在面对如此巨大差价的情况下，由于侵权人并不是作为终端用户购买产品自用而是继续对外销售，其应当对该产品是否属于侵权产品存有质疑，并施以合理的注意义务进行询问、了解、核实。如果侵权人在购买前没有尽到应尽注意义务，主观上就可能存在疏忽大意的过失，不符合不应当知道被诉侵权产品属于侵权产品的主观要件。

【案例】东莞怡信磁碟有限公司诉陈双林侵害实用新型专利权纠纷案①

2008年12月26日，东莞怡信公司向国家知识产权局申请了名为"改进型便携可充式喷液瓶"的实用新型专利，并于2009年10月21日获得专利权。2015年9月24日，怡信公司在陈双林的淘宝店铺购买了被诉侵权的香水瓶4件，单价59.00元，总价236.00元，公证处据此出具相应公证书。2015年9月25日，陈双林从昵称为"爱静12309"、姓名为"程国"的卖家处

---

①广东省高级人民法院（2017）粤民终597号民事判决书。

购买了5件被诉侵权产品，单价为4.9元，并留下了怡信公司的委托代理人周凌峰的收货地址，由程国直接通过物流公司百世汇通发货给怡信公司。2015年9月28日，怡信公司收到了被诉侵权产品。经比对，被诉侵权产品包含了案涉专利权利要求1和要求2的所有技术特征。

怡信公司认为陈双林未经许可，销售、许诺销售被诉侵权产品的行为侵害了其专利权，遂提起诉讼。陈双林在应诉过程中提出了合法来源抗辩。

法院认为：一、关于陈双林主张的合法来源抗辩是否成立的问题。在传统的实体交易模式中，使用者、许诺销售者或者销售者通常需要提交产品来源者经过合法注册登记的主体信息、证明交易存在的合同、支付凭证或合法票据等符合实体交易习惯的相应证据以证明产品具有合法来源。本案交易是在互联网的淘宝平台中完成，这种交易模式有别于实体交易模式，一是在主体上体现为个人卖家只需要经过淘宝实名认证，而不需要工商注册登记，买卖双方的主体信息除了可以在淘宝的后台数据查询获取以外，还会呈现在买卖双方交易时的订单信息中。二是在交易过程中，当买家点击购买商品后会形成相应的订单，订单中包括了商品的名称、数量、单价、折扣及总价等合同关键的要素。因此订单可视为双方的交易合同。三是合同的履行是通过物流送货以及第三方支付平台支付宝完成付款的，送货和付款记录都可以在订单信息中得以呈现。根据淘宝交易平台的以上特点，结合双方当事人提交的证据，足以证明2015年9月24日怡信公司委托代理人在陈双林经营的淘宝网店以单价59元点击购买被诉侵权产品后，陈双林于2015年9月25日以单价4.9元从昵称为"爱静12309"、姓名为"程国"的淘宝卖家处购买了5件被诉侵权产品，并由程国直接发货给怡信公司委托代理人，怡信公司委托代理人于2015年9月28日收到被诉侵权产品的事实；虽然陈双林不能提交程国经营的网店具有工商营业登记的证据，但鉴于淘宝平台不需要个人卖家进行工商注册登记的特点（陈双林也没有进行注册登记），应认定陈双林是通过符合交易习惯的合法销售渠道取得被诉侵权产品的，符合成立合法来源抗辩的客观要件。

　　二、关于成立合法来源抗辩的主观要件。本案中陈双林承认其在交易前已通过淘宝网对该种产品的价格进行过查询，知道相同或同类产品的价格从几十元到100多元不等，陈双林向怡信公司销售的被诉侵权产品单价也设定为59元。因此，在陈双林以单价仅为4.9元向程国购买被诉侵权产品时，应当注意到其单价与市场价格相差十倍乃至数十倍，在面对如此巨大差价的情况下，由于陈双林并不是作为终端用户购买产品自用的，而是继续对外销售，陈双林应当对程国销售的被诉侵权产品是否属于侵权产品存有质疑，并施以合理的注意义务进行询问、了解、核实，但陈双林在购买前却未尽相应的注意义务，即使如陈双林所言其存在经营淘宝网店时间较短、专利保护意识欠缺、过后已改向有专利证书的商家购买等原因，但陈双林在购买被诉侵权产品时，主观上依然具有疏忽大意的过失，不符合不应当知道被诉侵权产品属于侵权产品的主观要件。综上，被诉侵权产品的技术特征落入案涉专利权的保护范围，陈双林实施了销售、许诺销售被诉侵权产品的侵权行为。

　　最终一审法院判决，因陈双林实施了销售、许诺销售被诉侵权产品的侵权行为，综合考虑该案专利权的其他情况，酌情赔偿怡信公司10000元。

　　如上可知，合法来源抗辩成立的要件除了"来源"以外，还必须同时具备"实际不知道且不应当知道"的主观要件。该案中因陈双林对采购单价与销售单价、同类产品通常价格相差数倍的情况应当存疑，因此陈双林存在主观过错。在具体案例中还应结合相关证据，才能作出既符合逻辑常识，也兼顾生活经验日常法则的认定。

第五章

直播行业刑事合规

第一节　直播行业刑事风险概述

2020年初，新冠肺炎疫情突发，线下交流变得不易，线上网络直播借助互联网得以迅猛发展。发展的同时，无法回避的是直播带货引发的直播行业刑事合规法律风险。2020年"双十一"期间，中国消费者协会发布"双十一"消费维权舆情分析报告。通过对相关消费维权大数据舆情分析，我们发现2020年"双十一"促销活动期间，消费的负面信息主要集中在直播带货和不合理规则两个方面。

进入21世纪的第三个十年，直播行业发展明显加快，用户数量、营业收入都在逐年创新高，在发展如此迅猛的时刻，法律风险的递增已成必然。从目前来看，涉嫌刑事犯罪的案例也屡见不鲜。笔者从目前直播行业高发的犯罪情形和该行业特性来分析，直播行业中直播企业和直播人员可能会涉及的刑事犯罪行为主要分为以下四类。

一是利用直播的便利条件而实施的传统犯罪，常见的有诈骗罪、传播淫秽物品牟利罪等；

二是基于商品质量而侵犯消费者权益的生产销售伪劣商品类犯罪，常见的有生产、销售伪劣产品罪，生产、销售、提供假药罪等；

三是基于冒用商标等行为侵犯知识产权类的犯罪，常见的有销售假冒注册商标的商品罪、销售侵权复制品罪等；

四是运用计算机技术实施的侵犯计算机网络安全类的犯罪，常见的有：帮助信息网络犯罪活动罪、拒不履行信息网络安全管理义务罪。

直播行业中的直播企业和直播人员，一旦因违法行为受到刑事法律的规制，对市场主体将是很大的打击，不仅直播企业和直播人员赖以生存的企业声誉和网红商誉荡然无存，还要面临甚至最重的刑事处罚。因此，已经从事或者将要从事直播行业的企业和个人，要明确自身可能面临的刑事法律风险，尽早完善刑事合规责任体系，避免承担刑事法律后果。

目前，我国直播行业可能引发刑事犯罪风险的原因，主要有以下三点。

1.搭上"互联网＋"蓬勃发展的快车，直播行业的直播类型繁多，极易引发传统刑事犯罪风险

直播行业种类繁多，包含游戏直播、带货直播、美妆直播等。从犯罪动机上看，直播行业可能涉及的犯罪大多是谋利型犯罪。传统的经济型犯罪借助直播的平台，更加"便利"地实行犯罪行为，其中，诈骗占绝大多数，依靠互联网的完美外壳掩护，犯罪行为人更好地实施骗术。此前，浙江温州市公安局某区分局以涉嫌制作、复制、出版、贩卖、传播淫秽物品牟利罪逮捕一批直播人员。互联网传播的广度也为此类犯罪提供了平台。

直播平台作为网络服务提供者，为传统犯罪提供平台，可能会因此涉嫌侵犯信息网络安全类犯罪。

2.受直播"流量为王"的大数据要求驱使，直播行业极易出现运用计算机技术篡改数据、恶意刷单、虚假宣传等手段行为而欺骗消费者的现象

不论直播的类型如何，在当前直播行业，流量是衡量直播平台和主播的第一标杆，在直播行业中流量数据可以直接反映商业价值。有些直播平台和主播为了数据美观，能够获得更多的商业利益，借助网络平台的特殊性，通过对计算机系统进行破坏，篡改观看人数、点赞人数、购买人数等

数据，虚假增大自身商业价值，以取得更多商业利益。

中消协统计，在2020年"双十一"监测期内，共收集有关"直播带货"类负面信息33万多条，其中一个"槽点"主要是明星带货涉嫌刷单造假。直播观看人数造假、销售数据造假，已经形成一条产业链。

流量数据是影响直播销量的一个重要因素，更多的直播平台和主播在利益的驱使下，不断加大对流量数据的虚假篡改、对销售量的虚假篡改，在追求利益的同时却忽略对法律风险的合规控制，最终触犯刑事法律法规，带来刑事法律风险。

3.现有直播平台的管理模式下，直播人员流动性大，风险意识薄弱，利益诱惑多，更易引发刑事风险

目前直播类型中，直播带货最为广泛。事实上，直播平台和直播人员一般扮演的是营销的角色，主要涉及两个行为，即广告行为和销售行为。

在广告行为中，一般是利用网红主播的形象、信誉做背书促进消费者购买。这类广告行为是一种借助互联网平台（直播平台）以直播的方式对商品进行推销，直播人员借助利用明星效应或者网红效应进行广告行为。但是由于直播人员风险意识薄弱，存在做虚假广告的行为，那么便很有可能引发刑事风险，受到刑事处罚。

在销售行为中，直播企业或者直播人员应对直播中销售的商品质量有明确保证，尽到审查义务。目前的现状就是，直播企业和直播人员在销售商品时因为没有对产品质量和产品安全进行审查，涉及《刑法》第三章第一节规定的生产、销售伪劣商品类犯罪，从而产生刑事风险。同时，由于直播企业或者直播人员没有审查或者厘清所销售产品的知识产权归属，涉及《刑法》第三章第七节规定的侵犯知识产权类犯罪，引发刑事犯罪风险。

以上三点，直播行业有着其特殊的行业特性，从而引发相应的刑事犯罪风险。下文，笔者将从直播行业可能涉及的具体罪名展开，分析直播过程中实施的行为可能会涉及的犯罪类型，并对其典型罪名进行剖析，以求起到防范刑事犯罪风险之目的。

第二节　诈骗罪

一、典型案例

（一）胡某亮诈骗罪一案[①]

2018年4月至12月期间，胡某亮冒充女性在某直播软件上与被害人聊天，假装与被害人谈恋爱，骗取钱财。最终，法院认定胡某亮以非法占有为目的，采用虚构事实的方式，利用网络骗取他人财物，数额较大，构成诈骗罪。

（二）闫某雨诈骗罪一案[②]

2019年5月20日至6月8日期间，闫某雨通过某直播平台谎称其为官二代，获取"粉丝"信任后骗取钱财，以虚构抽取苹果手机、笔记本电脑等昂贵物品为诱惑，骗取粉丝钱财共计人民币30010元。最终，法院认为其以非法占有为目的，骗取他人财物，数额较大，其行为构成诈骗罪。

①重庆市开州区人民法院（2019）渝0154刑初161号刑事判决书。
②枣庄市台儿庄区人民法院（2020）鲁0405刑初12号刑事判决书。

二、案件评析

上述案例中，胡某亮和闫某雨皆进行有组织、有预谋的诈骗活动。为了非法占有他人财物，实施了虚构事实行为，最终骗取被害人财物。

直播行业迅速发展，人员纷繁复杂，直播平台又为诈骗罪这样的传统犯罪提供了怎样的便利条件呢？

一是网络的欺骗性。直播人员并非与被害人面对面交流，虚构事实不易被察觉。胡某亮便是借助了该特性，佯装女性，骗取钱财。无独有偶，2020年7月16日山东青岛市公安机关破获的一起特大电信网络诈骗案，涉案人员正是借此特性，利用女主播虚构事实骗取被害人钱财。

二是网络的传播性。传统的诈骗一般是面向特定主体的，而利用直播诈骗，借助网络的传播速度，可向不特定的广大主体实施诈骗行为。利用"全面撒网，重点捕鱼"的手段，达到非法获取利益的效果。

如今，各式各样的直播平台悄然出现，越来越多的不法分子将目光转向了直播平台，趁机实施诈骗等违法犯罪活动，而我国正在重点打击电信网络诈骗。构成电信网络诈骗需要满足三个特征。（1）技术特征：利用电信网络技术手段进行诈骗；（2）对象特征：针对不特定多数人进行诈骗；（3）行为特征：采用非接触方式进行诈骗。直播依网络而生，面向线下不特定的消费者，如怀有不法之心，便极有可能符合电信网络诈骗的特征，成为诈骗罪规制的对象。

在实践中，也有一些主播并没有直接参与诈骗行为的实施过程，但是若其知晓并宣传推广了含有诈骗信息的内容，导致他人财产受损的，那么这些主播也极有可能会被《刑法》评价认定为诈骗罪的帮助犯而被追究刑事责任。不论是直播人员（主播）还是直播平台的管理者，在直播行业中，在明知他人可能实施诈骗行为的情况下，绝不能帮助他人宣传推广含有诈骗的信息。直播人员（主播）及直播平台的管理者更不能利用直播平台的便利，虚构不存在的事实，推广虚假的信息，使观众或消费者相信其传递的信息，最终达到骗取财物、非法牟利的目的。事实上，直播所依存的互联网络具有的记忆功能，这将使得犯罪金额等数据无所遁形。

笔者建议，为避免刑事风险，在直播行业中，直播人员（主播）在直播前要注意谨慎审查各类信息，在知晓他人实施诈骗行为时，不得在直播中对诈骗行为进行宣传。一旦直播人员（主播）实施了推广、宣传等帮助行为，那么就难以免除刑事责任。直播人员（主播）切不可图一时之利，为犯罪行为提供积极帮助。同时，直播人员和平台管理者都应当严格遵守法律规定，不可妄图通过直播平台快速敛财，从而采取非法手段欺骗消费者。

三、罪名解析

《刑法》第二百六十六条规定，诈骗公私财物，数额较大的，处三年以下有期徒刑、拘役或者管制，并处或者单处罚金；数额巨大或者有其他严重情节的，处三年以上十年以下有期徒刑，并处罚金；数额特别巨大或者有其他特别严重情节的，处十年以上有期徒刑或者无期徒刑，并处罚金或者没收财产。本法另有规定的，依照规定。诈骗罪的具体量刑情节标准如表5-1所示。

表5-1 诈骗罪的量刑标准

罪名	情节		数额（以浙江省为标准）（元）	刑期
诈骗罪	数额较大	/	≥6000	3年以下有期徒刑、拘役或者管制，并处或单处罚金
		通过发送短信、拨打电话或者利用互联网、广播电视、报纸杂志等发布虚假信息，对不特定多数人实施诈骗的		
		诈骗救灾、抢险、防汛、优抚、扶贫、移民、救济、医疗款物的		
		以赈灾募捐名义实施诈骗的		
		诈骗残疾人、老年人或者丧失劳动能力人的财物的		
		造成被害人自杀、精神失常或者其他严重后果的		
	数额特别巨大	/	≥500000	10年以上有期徒刑或者无期徒刑，并处罚金或者没收财产
		通过发送短信、拨打电话或者利用互联网、广播电视、报纸杂志等发布虚假信息，对不特定多数人实施诈骗的		
		诈骗救灾、抢险、防汛、优抚、扶贫、移民、救济、医疗款物的		
		以赈灾募捐名义实施诈骗的		
		诈骗残疾人、老年人或者丧失劳动能力人的财物的		

第三节　制作、贩卖、传播淫秽物品类犯罪

一、典型案例

曹某传播淫秽物品罪一案[①]：2018年4月，被告人曹某在"旺旺"直播平台进行色情表演，并以刷"跑车"送"福利"方式，将淫秽视频通过QQ群传播给平台会员。经上海市新闻出版局对由公安机关远程勘验所调取的通过laysin账号上传的110部视频进行鉴定，其中83部系淫秽视频。2018年8月18日，曹某在湖南省长沙市被公安人员抓获。最终，判处曹某构成传播淫秽物品牟利罪。

二、案件评析

近年来，各式各样的直播平台出现在人们的视线，某些平台通过招揽人员进行淫秽直播表演或者在平台上播放淫秽视频，从中非法牟利。淮安市公安局清江浦分局开展了"净网2020"专项调查活动，结果发现该非法直播平台有专门的推广人员，利用各大媒体推送"小棉袄"直播平台链接，下载应用软件进入后，就可以通过手机在直播间里观看色情女主播

---

①上海市长宁区人民法院（2018）沪0105刑初1201号刑事判决书。

的淫秽表演。此类犯罪是传播型犯罪，不以是否营利为成立要件，侵犯的客体是国家对淫秽物品的管理制度，只需要传播达到一定数量或者造成一定的影响，便可能构成传播淫秽物品罪。如以营利为要件，可能会构成制作、复制、出版、贩卖、传播淫秽物品牟利罪。

作为直播平台和直播人员，网络不是法外之地，直播平台作为网络直播服务提供者[①]，为避免引起刑事风险，笔者建议：

明确淫秽物品范围。有关人体生理、医学知识的科学著作以及包含色情内容的有艺术价值的文学、艺术作品不视为淫秽物品。

对于淫秽物品，禁止广泛传播。

三、罪名解析

制作、贩卖、传播淫秽物品罪是一类罪。直播行业中的直播企业或者直播人员，借助直播平台传播淫秽物品的行为，在不同的构成条件下，可能构成不同的具体罪名。表5-2至表5-6为笔者整理的具体罪名量刑标准。

---

①全国"扫黄打非"工作小组办公室、工业和信息化部、公安部、文化和旅游部、国家广播电视总局、国家互联网信息办公室：《关于加强网络直播服务管理工作的通知》，2018年8月1日。

表5-2 制作、复制、出版、贩卖、传播淫秽物品牟利罪量刑标准

罪名	情节		数量或数额	刑期
制作、复制、出版、贩卖、传播淫秽物品牟利罪	/	以牟利为目的，制作、复制、出版、贩卖、传播淫秽物品的	/	3年以下有期徒刑、拘役或者管制，并处罚金
	/	明知他人用于出版淫秽书刊而提供书号	/	
	制作、复制、出版	淫秽影碟、软件、录像带	50—100张（盒）以上	
		淫秽音碟、录音带	100—200张（盒）以上	
		淫秽扑克、书刊、画册	100—200副（册）以上	
		淫秽照片、画片	500—1000张以上	
	贩卖	淫秽影碟、软件、录像带	100—200张（盒）以上	
		淫秽音碟、录音带	200—400张（盒）以上	
		淫秽扑克、书刊、画册	200—400副（册）以上	
		淫秽照片、画片	1000—2000张以上	
	向他人传播淫秽物品	达200—500人次以上，或者组织播放淫秽影像10—20场次以上	/	
	利用互联网、移动通信终端	制作、复制、出版、贩卖、传播淫秽物品，获利5000—10000元以上的	≥5000元，＜30000元	
		制作、复制、出版、贩卖、传播淫秽电影、表演、动画等视频文件10个以上	/	
		制作、复制、出版、贩卖、传播淫秽音频文件50个以上	/	
		制作、复制、出版、贩卖、传播淫秽电子刊物、图片、文章、短信息等100件以上	/	
		制作、复制、出版、贩卖、传播淫秽电子信息，实际被点击数达到5000次以上	/	
		以会员制方式出版、贩卖、传播淫秽电子信息，注册会员达100人以上	/	
		利用淫秽电子信息收取广告费、会员注册费或者其他费用	≥5000元	
		数量或者数额虽未达到第一项至第六项规定标准，但分别达到其中两项以上标准一半以上的	/	
		造成严重后果的	/	

续　表

罪名	情节			数量或数额	刑期
制作、复制、出版、贩卖、传播淫秽物品牟利罪	情节严重	制作、复制、出版	淫秽影碟、软件、录像带	250—500张（盒）以上	3年以上10年以下有期徒刑，并处罚金
			淫秽音碟、录音带	250—500张（盒）以上	
			淫秽扑克、书刊、画册	500—1000副（册）以上	
			淫秽照片、画片	2500—5000张	
		贩卖	淫秽影碟、软件、录像带	500—1000张（盒）以上	
			淫秽音碟、录音带	1000—2000张（盒）以上	
			淫秽扑克、书刊、画册	1000—2000副（册）以上	
			淫秽照片、画片	5000—10000张以上	
		向他人传播淫秽物品	达1000—2000人次以上，或者组织播放淫秽影像达50—100场次以上	/	
		制作、复制、出版、贩卖、传播淫秽物品	获利5000—10000元的	≥30000元，<250000元	
		利用互联网、移动通信终端	达追诉标准5倍以上	/	
制作、复制、出版、贩卖、传播淫秽物品牟利罪	情节特别严重	制作、复制、出版、贩卖、传播淫秽物品		情节严重情形数量（数额）5倍以上	10年以上有期徒刑或者无期徒刑，并处罚金或者没收财产
		利用互联网、移动通信终端		达追诉标准25倍以上	

表5-3　为他人提供书号出版淫秽书刊罪量刑情节

罪名	情节	数额（元）	刑期
为他人提供书号出版淫秽书刊罪	为他人提供书号，出版淫秽书刊的	/	3年以下有期徒刑、拘役或者管制，并处或者单处罚金

表5-4　传播淫秽物品罪量刑情节

罪名	情节		数额（元）	刑期
传播淫秽物品罪	情节严重	传播淫秽的书刊、影片、音像、图片或者其他淫秽物品300—600人次以上	/	2年以下有期徒刑、拘役或者管制
		制作、复制、出版、贩卖、传播淫秽电影、表演、动画等视频文件20个以上		
		制作、复制、出版、贩卖、传播淫秽音频文件100个以上		
		制作、复制、出版、贩卖、传播淫秽电子刊物、图片、文章、短信息等200件以上		
		制作、复制、出版、贩卖、传播淫秽电子信息，实际被点击数达到10000次以上		
		以会员制方式出版、贩卖、传播淫秽电子信息，注册会员达200人以上		

表5-5　组织淫秽表演罪量刑标准

罪名	情节		数额（元）	刑期
组织淫秽表演罪	/	组织表演者进行裸体表演的	/	3年以下有期徒刑、拘役或者管制，并处罚金
		组织表演者利用性器官进行诲淫性表演的		
		组织表演者半裸体或者变相裸体表演并通过语言、动作具体描绘性行为的		
		其他组织进行淫秽表演应予追究刑事责任的情形		
	情节严重	/		3年以上10年以下有期徒刑，并处罚金

表5-6　组织播放淫秽音像制品罪量刑标准

罪名	情节		数额（元）	刑期
组织播放淫秽音像制品罪	/	组织播放15—30场次以上	/	3年以下有期徒刑、拘役或者管制，并处罚金
		造成恶劣社会影响		
	情节严重	制作、复制淫秽的电影、录像等音像制品组织播放		3年以上10年以下有期徒刑，并处罚金
		向不满18周岁的未成年人传播淫秽物品		

第四节　生产、销售伪劣商品类犯罪

一、典型案例

（一）刘某诗、赵某毅生产、销售伪劣产品一案[①]

随着网络直播带货的日益发展，个别网红借此打起了护肤化妆品行业的主意。2016年11月11日，公安机关在"BROCOCO"化妆品店抓获被告人刘某诗、赵某毅。其二人自2014年9月开始，便借助网络平台销售从"罗穗婷"（另案处理）处购进的祛痘美白万能膏，在明知该祛痘美白万能膏含有氯霉素且成分不符合标签标注的情况下，仍以每盒138元的价格通过网络销往全国各地。经统计，销售金额超人民币14万元，未销售的祛痘美白万能膏货值超人民币15万元。最终其被法院以生产、销售伪劣产品罪定罪处罚。

（二）郭静、赵丹等人生产、销售假药一案[②]

2016年初，本山传媒有限公司的小品演员赵丹伙同郭静通过某客直播平台出售减肥药。但该减肥药未取得药品生产、销售许可，经北京市东城区食品药品监督管理局认定，涉案的"纯中药减肥胶囊"应依法按假药论处。最终其被北京市东城区人民法院以生产、销售假药罪判以刑事处罚。

---

①广州市南沙区人民法院（2017）粤0115刑初437号刑事判决书。
②北京市东城区人民法院（2018）京0101刑初563号刑事判决书。

二、案件评析

上述案例，皆是主播（直播人员）借助直播平台进行销售行为，从而触犯刑事法律规定，被刑事处罚。直播行业的主要营利手段是高效地将流量转化成销量，因此直播带货是目前直播行业的主流形式。传统的制假、售假类犯罪在直播行业犯罪中尤为突出。

在不法利益的驱使下，像上述案例一中的不法分子刘某诗、赵某毅自以为躲在互联网的背后，开始自鸣得意地制造伪劣产品进行销售，本想借助直播平台的传播力度更快地获取更多的非法利益。的确，借助网络的宣传，销售量相对往常来说会呈指数增长，但恰恰也是因此直播，可能一夜之间的销量便达到了刑事犯罪处罚的起刑标准。

刘某诗、赵某毅生产、销售伪劣产品一案中，在明知祛痘美白万能膏含有氯霉素且成分不符合标签标注的情况下，以不合格产品冒充合格产品，通过网络销售，且销售金额超过5万元，侵犯了《刑法》第一百四十条①的规定。

直播行业中的相关企业或人员为防范生产、销售伪劣罪，笔者建议做好以下几点。

---

① 《刑法》第一百四十条 ：【生产、销售伪劣产品罪】生产者、销售者在产品中掺杂、掺假，以假充真，以次充好或者以不合格产品冒充合格产品，销售金额五万元以上不满二十万元的，处二年以下有期徒刑或者拘役，并处或者单处销售金额百分之五十以上二倍以下罚金；销售金额二十万元以上不满五十万元的，处二年以上七年以下有期徒刑，并处销售金额百分之五十以上二倍以下罚金；销售金额五十万元以上不满二百万元的，处七年以上有期徒刑，并处销售金额百分之五十以上二倍以下罚金；销售金额二百万元以上的，处十五年有期徒刑或者无期徒刑，并处销售金额百分之五十以上二倍以下罚金或者没收财产。

（1）进行销售行为时应当严格审查产品质量，严格审查产品质量检验合格证明；

（2）如是通过经销商处取货的，在审核产品质量的同时还应当审核经销商资质。

郭静、赵丹等人生产、销售假药一案中，赵丹明知其所销售的"减肥药"为不符合标准的药品，仍通过直播平台销售，根据《最高人民法院、最高人民检察院关于办理危害药品安全刑事案件适用法律若干问题的解释》第八条[①]，应当认定其为生产销售假药、劣药罪。因此，直播人员在销售药品的时候，应当注意审查销售的药品与国家药品标准是否相符，否则很有可能会被认定为构成销售假药、劣药罪。

三、罪名解析

直播人员的销售行为，如果侵犯的客体为伪劣商品、劣药、不符合安全标准的食品等，那么该主播的销售行为，很有可能会构成《刑法》第一百四十条至一百四十八条规定的生产、销售伪劣商品类犯罪。

表5-7至表5-15为笔者整理的生产、销售伪劣商品类犯罪的具体罪名解析。

---

① 《最高人民法院、最高人民检察院关于办理危害药品安全刑事案件适用法律若干问题的解释》第八条：明知他人生产、销售假药、劣药，提供广告宣传等帮助行为的，以生产销售假药、劣药罪共犯论处。

表 5-7　生产、销售伪劣产品罪量刑标准

罪名	情节	数额（元）	刑期
生产、销售伪劣产品罪	销售伪劣烟草制品销售50000元以上，未销售金额货值合计		未遂
	生产者、销售者在产品中掺杂、掺假，以假充真，以次充好或者以不合格产品冒充合格产品	≥150000	2年以下有期徒刑或者拘役，并处或者单处销售金额50%以上2倍以下罚金
	伪劣烟草制品尚未销售		
	生产者、销售者在产品中掺杂、掺假，以假充真，以次充好或者以不合格产品冒充合格产品	≥200000	2年以上7年以下有期徒刑，并处销售金额50%以上2倍以下罚金
	伪劣烟草制品尚未销售		
	生产者、销售者在产品中掺杂、掺假，以假充真，以次充好或者以不合格产品冒充合格产品	≥500000	7年以上有期徒刑，并处销售金额50%以上2倍以下罚金
	伪劣烟草制品尚未销售	≥500000	
	生产者、销售者在产品中掺杂、掺假，以假充真，以次充好或者以不合格产品冒充合格产品	≥2000000	15年有期徒刑或者无期徒刑，并处销售金额50%以上2倍以下罚金或者没收财产
	伪劣烟草制品尚未销售	≥2000000	

表5-8 生产、销售、提供假药罪量刑标准

罪名	情节		数额（元）	刑期
生产、销售、提供假药罪	/	生产、销售假药	/	3年以下有期徒刑或者拘役，并处罚金
	对人体健康造成严重危害	造成轻伤或者重伤	/	3年以上10年以下有期徒刑，并处罚金
		造成轻度残疾或者中度残疾	/	
		造成器官组织损伤导致一般功能障碍或者严重功能障碍	/	
		其他对人体健康造成严重危害的情形	/	
	有其他严重情节	造成较大突发公共卫生事件	/	
		/	≥200000，＜500000	
		具有对人体健康造成严重危害的情形	≥100000，＜200000	
	其他特别严重情节	致人死亡	/	10年以上有期徒刑、无期徒刑或者死刑，并处罚金或者没收财产
		致人重度残疾	/	
		造成3人以上重伤、中度残疾或者器官组织损伤导致严重功能障碍	/	
		造成10人以上轻伤	/	10年以上有期徒刑、无期徒刑或者死刑，并处罚金或者没收财产
		造成重大、特别重大突发公共卫生事件	/	
		/	≥500000	
		具有对人体健康造成严重危害的情形	≥200000，＜500000	
		根据生产、销售的时间、数量、假药种类等，应当认定为情节特别严重的	/	

表5-9　生产、销售、提供劣药罪，妨害药品管理罪量刑标准

罪名	情节		数额（元）	刑期
生产、销售、提供劣药罪	对人体健康造成严重危害	造成轻伤或者重伤的	/	3年以上10年以下有期徒刑，并处罚金
		造成轻度残疾或者中度残疾的	/	
		造成器官组织损伤导致一般功能障碍或者严重功能障碍的	/	
		其他对人体健康造成严重危害的情形	/	
	后果特别严重	致人死亡	/	10年以上有期徒刑或者无期徒刑，并处罚金或者没收财产
		致人重度残疾	/	
		造成3人以上重伤、中度残疾或者器官组织损伤导致严重功能障碍的	/	
		造成10人以上轻伤的	/	
		造成重大、特别重大突发公共卫生事件	/	
妨害药品管理罪	足以严重危害人体健康的	生产、销售国务院药品监督管理部门禁止使用的药品的	/	3年以下有期徒刑或拘役，并处或者单处罚金
		未取得药品相关批准证明文件生产、进口药品或者明知是上述药品而销售的	/	
		药品申请注册中提供虚假的证明、数据、资料、样品或者采取其他欺骗手段的	/	
		编造生产、检验记录的	/	
	对人体健康造成严重危害或者其他严重情节的	生产、销售国务院药品监督管理部门禁止使用的药品的	/	3年以上7年以下有期徒刑，并处罚金
		未取得药品相关批准证明文件生产、进口药品或者明知是上述药品而销售的	/	
		药品申请注册中提供虚假的证明、数据、资料、样品或者采取其他欺骗手段的	/	
		编造生产、检验记录的	/	

表 5-10　生产、销售不符合安全标准的食品罪量刑标准

罪名	情节		数额（元）	刑期
生产、销售不符合安全标准的食品罪	生产、销售不符合食品安全标准的食品，足以造成严重食物中毒事故或者其他严重食源性疾病	含有严重超出标准限量的致病性微生物、农药残留、兽药残留、重金属、污染物质以及其他危害人体健康的物质	/	3年以下有期徒刑或者拘役，并处罚金
		属于病死、死因不明或者检验检疫不合格的畜、禽、兽、水产动物及其肉类、肉类制品	/	
		属于国家为防控疾病等特殊需要明令禁止生产、销售	/	
		其他对人体健康造成严重危害的情形	/	
		婴幼儿食品中生长发育所需营养成分严重不符合食品安全标准	/	
		其他足以造成严重食物中毒事故或者严重食源性疾病的情形	/	
	对人体健康造成严重危害	造成轻伤以上伤害	/	3年以上7年以下有期徒刑，并处罚金
		造成轻度残疾或者中度残疾	/	
		造成器官组织损伤导致一般功能障碍或者严重功能障碍	/	
		造成10人以上严重食物中毒或者其他严重食源性疾病	/	
		其他对人体健康造成严重危害的情形	/	

续 表

罪名	情节		数额（元）	刑期
生产、销售不符合安全标准的食品罪	其他严重情节	/	≥200,000	3年以上7年以下有期徒刑，并处罚金
		不符合食品安全标准的食品数量较大或者生产、销售持续时间较长	≥100000，＜200000	
		属于婴幼儿食品的	≥100000，＜200000	
		一年内曾因危害食品安全违法犯罪活动受过行政处罚或者刑事处罚	≥100000，＜200000	
		其他情节严重的情形	/	
	后果特别严重	致人死亡或者重度残疾	/	7年以上有期徒刑或者无期徒刑，并处罚金或者没收财产
		造成3人以上重伤、中度残疾或者器官组织损伤导致严重功能障碍	/	
		造成3人以上重伤、中度残疾或者器官组织损伤导致严重功能障碍	/	
		造成30人以上严重食物中毒或者其他严重食源性疾病	/	
		其他特别严重的后果	/	

表5-11 生产、销售有毒有害食品罪量刑标准

罪名	情节		数额(元)	刑期
生产、销售有毒有害食品罪		在生产、销售的食品中掺入有毒、有害的非食品原料的，或者销售明知掺有有毒、有害的非食品原料的食品	/	5年以下有期徒刑，并处罚金
	对人体健康造成严重危害	造成轻伤以上伤害	/	5年以上10年以下有期徒刑，并处罚金
		造成轻度残疾或者中度残疾	/	
		造成器官组织损伤导致一般功能障碍或者严重功能障碍	/	
		造成10人以上严重食物中毒或者其他严重食源性疾病	/	
		其他对人体健康造成严重危害的情形	/	
	其他严重情节	/	≥200000，<500000	
		有毒、有害食品的数量较大或者生产、销售持续时间较长	≥100000，<200000	
		属于婴幼儿食品	≥100000，<200000	
		一年内曾因危害食品安全违法犯罪活动受过行政处罚或者刑事处罚	≥100000，<200000	
		有毒、有害的非食品原料毒害性强或者含量高	/	

罪名	情节		数额（元）	刑期
生产、销售有毒有害食品罪	其他严重情节	其他情节严重的情形	/	5年以上10年以下有期徒刑，并处罚金
	致人死亡或者有其他特别严重的情节	/	≥500000	10年以上有期徒刑、无期徒刑或者死刑，并处罚金或者没收财产
		致人死亡或者重度残疾	/	
		造成3人以上重伤、中度残疾或者器官组织损伤导致严重功能障碍	/	
		造成10人以上轻伤、5人以上轻度残疾或者器官组织损伤导致一般功能障碍	/	
		造成30人以上严重食物中毒或者其他严重食源性疾病	/	
		其他特别严重的后果	/	

表5-12　生产、销售不符合标准的医用器材罪量刑标准

罪名	情节		数额（元）	刑期
生产、销售不符合标准的医用器材罪	足以严重危害人体健康	生产不符合保障人体健康的国家标准、行业标准的医疗器械、医用卫生材料	/	3年以下有期徒刑或者拘役，并处销售金额50%以上2倍以下罚金
		销售明知是不符合保障人体健康的国家标准、行业标准的医疗器械、医用卫生材料	/	
		进入人体的医疗器械的材料中含有超过标准的有毒有害物质	/	
		进入人体的医疗器械的有效性指标不符合标准要求，导致治疗、替代、调节、补偿功能部分或者全部丧失，可能造成贻误诊治或者人体严重损伤	/	
		用于诊断、监护、治疗的有源医疗器械的安全指标不符合强制性标准要求，可能对人体构成伤害或者潜在危害	/	
		用于诊断、监护、治疗的有源医疗器械的主要性能指标不合格，可能造成贻误诊治或者人体严重损伤	/	
		未经批准，擅自增加功能或者适用范围，可能造成贻误诊治或者人体严重损伤	/	
		其他足以严重危害人体健康或者对人体健康造成严重危害的情形	/	
	对人体健康造成严重危害	致人轻伤	/	3年以上10年以下有期徒刑，并处销售金额50%以上2倍以下罚金
		其他严重后果	/	

罪名	情节		数额（元）	刑期
生产、销售不符合标准的医用器材罪	后果特别严重	造成感染病毒性肝炎等难以治愈的疾病	/	10年以上有期徒刑或者无期徒刑，并处销售金额50%以上2倍以下罚金或者没收财产
		1人以上重伤	/	
		3人以上轻伤	/	
		其他严重后果	/	
	情节特别恶劣	致人死亡	/	该情节量刑已被《刑法修正案（四）》删除，但《最高人民法院、最高人民检察院关于办理生产、销售伪劣商品刑事案件具体应用法律若干问题的解释》对该情节仍作保留
		严重残疾	/	
		感染艾滋病	/	
		3人以上重伤	/	
		10人以上轻伤	/	
		造成其他特别严重后果	/	

表 5-13　生产、销售不符合安全标准的产品罪

罪名	情节		数额（元）	刑期
生产、销售不符合安全标准的产品罪	造成严重后果	生产不符合保障人身、财产安全的国家标准、行业标准的电器、压力容器、易燃易爆产品	/	5年以下有期徒刑，并处销售金额50%以上2倍以下罚金
		其他不符合保障人身、财产安全的国家标准、行业标准的产品	/	
		销售明知是以上不符合保障人身、财产安全的国家标准、行业标准的产品	/	
		造成人员重伤或者死亡的	/	
		/	直接经济损失100000元以上	
		其他造成严重后果的情形	/	
	后果特别严重	/	/	5年以上有期徒刑，并处销售金额50%以上2倍以下罚金
		/	/	

表5-14　生产、销售伪劣农药、兽药、化肥、种子罪量刑标准

罪名	情节		数额（元）	刑期
生产、销售伪劣农药、兽药、化肥、种子罪	使生产遭受较大损失的	生产假农药、假兽药、假化肥	/	3年以下有期徒刑或者拘役，并处或者单处销售金额50%以上2倍以下罚金
		销售明知是假的或者失去使用效能的农药、兽药、化肥、种子，或者生产者、销售者以不合格的农药、兽药、化肥、种子冒充合格的农药、兽药、化肥、种子	/	
		/	≥20000	
	使生产遭受重大损失	/	≥100000	3年以上7年以下有期徒刑，并处销售金额50%以上2倍以下罚金
	使生产遭受特别重大损失	/	≥500000	7年以上有期徒刑或者无期徒刑，并处销售金额50%以上2倍以下罚金或者没收财产

表5-15　生产、销售不符合卫生标准的化妆品罪

罪名	情节		数额（元）	刑期
生产、销售不符合卫生标准的化妆品罪	造成严重后果	生产不符合卫生标准的化妆品，或者销售明知是不符合卫生标准的化妆品	/	3年以下有期徒刑或者拘役，并处或者单处销售金额50%以上2倍以下罚金
		造成他人容貌毁损或者皮肤严重损伤	/	
		造成他人器官组织损伤导致严重功能障碍	/	
		致使他人精神失常或者自杀、自残造成重伤、死亡	/	
		其他造成严重后果的情形	/	

第五节　侵犯知识产权类犯罪

一、典型案例

尚艳丽、张小敏、张相均等销售假冒注册商标的商品罪一案[1]：2018年7月起，尚艳丽、张小敏、杨彦、张相均先后受雇于郭某（另案处理），在明知未得到注册商标所有人许可，利用互联网软件向境外客户销售假冒"Rolex"商标手表、假冒"Fendi"商标衣服、假冒"GUCCI"商标手提包等商品。其中，尚艳丽负责管理其他人员和联系货源，张相均负责直播推销，销售额约折合人民币10.68万元。2019年2月28日，民警抓获尚艳丽、张小敏、杨彦、张相均等人，起获假冒"Rolex"商标手表12块、假冒"Casio"商标手表3块、假冒"Fendi"商标衣服250件、假冒"HERMES"手袋13个、手机2台、电脑等物品一批。最终法院认为，张相均等人销售明知是假冒注册商标的商品，销售金额数额较大，其行为均已构成销售假冒注册商标的商品罪。

---

[1]佛山市南海区人民法院（2019）粤0605刑初2166号。

二、案件评析

销售假冒注册商标的商品罪的构成要件包含：

主体要件：自然人和单位；

主观方面：要求行为人明知是假冒注册商标的商品而销售；

客体要件：国家对商标的管理制度和他人注册商标的专用权；

客观方面：行为人非法销售假冒注册商标的商品，销售金额数额较大的行为。

在上述案例中，张相均等人主观上明知未得到商标权利人的许可，客观上实施了销售该假冒商标的商品，最终被法院认定为侵犯了国家的商标管理制度以及他人注册商标的专用权，从而受到刑事处罚。

在司法实践中，笔者认为直播行业从以下几个角度出发可以规避刑事风险：

（1）对于所销售的商品，应严格审查经销商的资质以及明确保证货源渠道，并对该审查行为留痕。积极消除该罪的主观构成要件。

（2）保证货源，不从事销售假冒注册商标的商品，积极消除客观方面构成要件。

三、罪名解析

直播人员的销售行为，如果侵犯的客体为注册商标标识、著作权、专利权等，那么该主播的销售行为，很有可能会构成《刑法》第二百一十三条至第二百一十八条规定的侵犯知识产权类犯罪。

表5–16至表5–21为笔者整理的侵犯知识产权类犯罪的具体罪名解析。

表5-16　假冒注册商标罪量刑标准

罪名	情节			数额（元）	刑期
假冒注册商标罪	情节严重	非法经营数额		≥50000	3年以下有期徒刑，并处或者单处罚金
		违法所得数额		≥30000	
		假冒两种以上注册商标	非法经营数额	≥30000	
			违法所得数额	≥20000	
		其他情节严重的情形		/	
	情节特别严重	非法经营数额		≥250000	3年以上10年以下有期徒刑，并处罚金
		违法所得数额		≥150000	
		假冒两种以上注册商标	非法经营数额	≥150000	
			违法所得数额	≥100000	
		其他情节特别严重的情形		/	

表5-17　销售假冒注册商标的商品罪量刑标准

罪名	情节		数额（元）	刑期
销售假冒注册商标的商品罪	/	违法所得	≥50000	立案追诉
		尚未销售，货值金额	≥150000	
		销售金额不满5万元，但已销售金额与尚未销售的货值金额合计在15万元以上	/	
		假冒注册商标的商品尚未销售，货值金额在15万元以上	/	未遂
		假冒注册商标的商品部分销售，已销售金额不满5万元，但与尚未销售的假冒注册商标的商品的货值金额合计在15万元以上的	/	
	数额较大	假冒注册商标的商品尚未销售，货值金额	≥150000，<250000	3年以下有期徒刑，并处或者单处罚金
		销售明知是假冒注册商标的商品	≥50000	
	/	其他严重情节	/	
	数额巨大	销售明知是假冒注册商标的商品	≥250000	3年以上10年以下有期徒刑，并处罚金
	/	假冒注册商标的商品尚未销售，货值金额	≥250000	
	/	其他特别严重情节	/	

表 5-18　非法制造、销售非法制造的注册商标标识罪量刑标准

罪名	情节		数额（元）	刑期
非法制造、销售非法制造的注册商标标识罪	/	尚未销售他人伪造、擅自制造的注册商标标识数量在6万件以上	/	未遂
		尚未销售他人伪造、擅自制造的两种以上注册商标标识数量在3万件以上		
		部分销售他人伪造、擅自制造的注册商标标识，已销售标识数量不满2万件，但与尚未销售标识数量合计在6万件以上		
		部分销售他人伪造、擅自制造的两种以上注册商标标识，已销售标识数量不满1万件，但与尚未销售标识数量合计在3万件以上		
	情节严重	伪造、擅自制造他人卷烟、雪茄烟注册商标标识或者销售伪造、擅自制造的卷烟、雪茄烟注册商标标识		以非法制造、销售非法制造的注册商标标识罪定罪处罚
		伪造、擅自制造或者销售伪造、擅自制造的注册商标标识数量在2万件以上｜非法经营数额	≥50000	3年以下有期徒刑，并处或者单处罚金
		｜违法所得数额	≥30000	
		伪造、擅自制造或者销售伪造、擅自制造两种以上注册商标标识数量在1万件以上｜非法经营数额	≥30000	
		｜违法所得数额	≥20000	
	情节特别严重	伪造、擅自制造或者销售伪造、擅自制造的注册商标标识数量在10万件以上｜非法经营数额	≥250000	3年以上10年以下有期徒刑，并处罚金
		｜违法所得数额	≥150000	
		伪造、擅自制造或者销售伪造、擅自制造两种以上注册商标标识数量在5万件以上｜非法经营数额	≥150000	
		｜违法所得数额	≥100000	

表5-19 假冒专利罪量刑标准

罪名	情节			数额（元）	刑期
假冒专利罪	情节严重	假冒他人专利	非法经营数额	≥200000	3年以下有期徒刑或者拘役，并处或者单处罚金
			违法所得数额	≥100000	
			给专利权人造成直接经济损失	≥500000	
		假冒2项以上他人专利	非法经营数额	≥100000	
			违法所得数额	≥50000	

表5-20 销售侵权复制品罪量刑标准

罪名	情节		数额（元）	刑期
销售侵权复制品罪	/	尚未销售的侵权复制品货值金额	≥300000	立案追诉
	数额巨大	违法所得数额	≥100000	5年以下有期徒刑，并处或者单处罚金
	有其他严重情节的		/	

表5-21 侵犯著作权罪量刑标准

罪名		情节	数额（元）	刑期
侵犯著作权罪	违法所得数额较大	未经著作权人许可，复制发行、通过信息网络向公众传播其文字作品、音乐、美术、视听作品、计算机软件及法律、行政法规规定的其他作品	≥30000	3年以下有期徒刑，并处或者单处罚金
		出版他人享有专有出版权的图书		
		未经录音录像制作者许可，复制发行、通过信息网络向公众传播其制作的录音录像		
		未经表演者许可，复制发行录有其表演的录音录像制品，或者通过信息网络向公众传播其表演的		
		制作、出售假冒他人署名的美术作品		
		未经著作权人或者与著作权有关的权利人许可，故意避开或者破坏权利人为其作品、录音录像制品等采取的保护著作权或者与著作权有关的权利的技术措施的		
	有其他严重情节	非法经营数额	≥50000	
		未经著作权人许可，复制发行其文字作品、音乐、电影、电视、录像作品、计算机软件及其他作品，复制品数量合计在500张（份）以上	/	
	违法所得数额巨大	未经著作权人许可，复制发行其文字作品、音乐、电影、电视、录像作品、计算机软件及其他作品	≥150000	3年以上10年以下有期徒刑，并处罚金
		出版他人享有专有出版权的图书		
		未经录音录像制作者许可，复制发行其制作的录音录像		
		制作、出售假冒他人署名的美术作品		
	有其他特别严重情节	非法经营数额	≥250000	
		未经著作权人许可，复制发行其文字作品、音乐、电影、电视、录像作品、计算机软件及其他作品，复制品数量合计在2500张（份）以上的	/	

第六节　虚假广告罪

一、典型案例

张某杰虚假广告罪一案[①]：张某杰于2018年至2019年3月，主要为淘宝的店主提供刷单服务，通过虚假交易的方式，提高淘宝店铺的交易量以及好评度，从而提升店铺信誉并促进成交量。后张某杰以诈骗罪被拘留。莆田市荔城区人民法院将张某杰认定为利用广告对商品作虚假宣传，违法所得14.52万元，情节严重，其行为构成虚假广告罪。

二、案件评析

目前直播行业涉嫌虚假广告罪案例暂为空白。一般在司法实践中，行为人用虚假广告的行为实施犯罪，很有可能会因与诈骗罪或其他具体罪名竞合等原因而被认定为其他罪名，但这并不意味着不会构成该罪。直播人员在直播中进行广告发布行为，违反国家规定，利用广告对商品或者服务做虚假宣传，达到刑事处罚标准的，便很有可能构成虚假广告罪。

笔者认为，此案虽没有发生在直播平台，但目前直播平台利用刷单制造虚假交易量，以此来促进销量的宣传行为在明星直播带货中都十分常见，却并未受到直播行业重视。为避免虚假广告罪的刑事风险，笔者建议，直播人员在进行广告宣传时，避免对所售商品进行虚假的宣传。

①莆田市荔城区人民法院（2020）闽0304刑初95号刑事判决书。

三、罪名解析

针对该罪，笔者在表5-22中对具体情节进行了解析。

表5-22　虚假广告罪量刑标准

罪名	情节		数额 (元)	刑期
虚假广告罪	/	违法所得	≥100000	立案追诉
		给单个消费者造成直接经济损失数额在5万元以上的	/	
		多个消费者造成直接经济损失数额累计在20万元以上的		
		假借预防、控制突发事件的名义，利用广告作虚假宣传，致使多人上当受骗	≥30000	
		两年内因利用广告作虚假宣传，受过行政处罚2次以上，又利用广告做虚假宣传的	/	
		造成人身伤残的	/	
		其他情节严重的情形	/	
	情节严重	广告主、广告经营者、广告发布者违反国家规定，利用广告对商品或者服务作虚假宣传	/	处2年以下有期徒刑或者拘役，并处或者单处罚金
		广告主、广告经营者、广告发布者违反国家规定，利用广告对保健食品或者其他食品作虚假宣传	/	
		广告主、广告经营者、广告发布者违反国家规定，利用广告对药品作虚假宣传	/	处2年以下有期徒刑或者拘役，并处或者单处罚金
	致使多人上当受骗，或者有其他严重情节	广告主、广告经营者、广告发布者违反国家规定，假借预防、控制突发传染病疫情等灾害的名义，利用广告对所推销的商品或者服务作虚假宣传	违法所得数额较大	

续　表

罪名	情节		数额（元）	刑期
虚假广告罪	广告经营者、广告发布者违反国家规定，利用广告为非法集资活动相关的商品或者服务作虚假宣传	违法所得	≥100000	处2年以下有期徒刑或者拘役，并处或者单处罚金
		造成严重危害后果或者恶劣社会影响	/	
		2年内利用广告作虚假宣传，受过行政处罚2次以上	/	
		其他情节严重的情形	/	

第七节　侵犯网络安全类犯罪

一、典型案例

郭某、张某维、龚某新、王某等帮助信息网络犯罪活动罪一案[①]：2018年8月，陈某等数十名女主播利用网络直播平台传播淫秽物品，并通过第三方支付平台银盈通支付有限公司名下的双频科技（北京）有限公司和郑州优越网络科技有限公司（以下简称"郑州优越公司"）收取利益。龚某伟雇佣被告人龚某新、王某、张某维从事资金支付转账服务。三人明知其提

[①]珠海市斗门区人民法院（2020）粤0403刑初196号刑事判决书。

供的服务可能用于犯罪资金的走账和洗钱，仍为其提供结算服务。最终，法院认为，龚某新、王某、张某维、郭某等人明知他人利用信息网络实施犯罪，为其犯罪提供支付结算帮助，情节严重，构成帮助信息网络犯罪活动罪。

二、案件评析

帮助信息网络犯罪活动罪是指明知他人利用信息网络实施犯罪，为其犯罪提供互联网接入、服务器托管、网络存储、通讯传输等技术支持，或者提供广告推广、支付结算等帮助，情节严重的行为。在前文，笔者列举了直播行业中可能涉嫌的刑事犯罪类型及具体罪名。行为人明知他人利用信息网络实施犯罪，仍为其提供上述网络技术服务的，便很有可能触犯帮助信息网络犯罪活动罪。在直播行业中，为避免该罪的刑事风险，笔者建议：

（1）对上游犯罪的主观认知，明知他人利用信息网络实施犯罪，应当不予支持并及时报警；网络技术人员或者直播平台应作为中立技术，对于利用信息网络实施犯罪行为不应起积极推进作用。

（2）实施网络技术服务时，要注意审查并甄别。

三、罪名解析

直播行业是建立在网络的基础上的，因此侵犯计算机系统和网络安全的行为时有发生。因此，为避免此类罪名所带来的刑事风险，如下表5-23至表5-28为笔者整理的具体罪名解析。

表5-23 非法获取计算机信息系统数据、非法控制计算机信息系统罪量刑标准

罪名	情节		数量或数额	刑期
非法获取计算机信息系统数据、非法控制计算机信息系统罪	情节严重	获取支付结算、证券交易、期货交易等网络金融服务的身份认证信息	10组以上	3年以下有期徒刑或者拘役，并处或者单处罚金
		获取支付结算、证券交易、期货交易等网络金融服务以外的身份认证信息	500组以上	
		非法控制计算机信息系统	20台以上	
		违法所得	≥5000元	
		造成经济损失	≥10000元	
	情节特别严重	获取支付结算、证券交易、期货交易等网络金融服务的身份认证信息	50组以上	3年以上7年以下有期徒刑，并处罚金
		获取支付结算、证券交易、期货交易等网络金融服务以外的身份认证信息	2000组以上	
		非法控制计算机信息系统	100台以上	
		违法所得	≥25000元	
		造成经济损失	≥50000元	

表5-24　提供侵入、非法控制计算机信息系统程序、工具罪量刑标准

罪名	情节		人次或数额	刑期
提供侵入、非法控制计算机信息系统程序、工具罪	情节严重	提供能够用于非法获取支付结算、证券交易、期货交易等网络金融服务身份认证信息的专门性程序、工具	5人次以上	3年以下有期徒刑或者拘役，并处或者单处罚金
		提供第一项以外的专门用于侵入、非法控制计算机信息系统的程序、工具	20人次以上	
		明知他人实施非法获取支付结算、证券交易、期货交易等网络金融服务身份认证信息的违法犯罪行为而为其提供程序、工具	5人次以上	
		明知他人实施第三项以外的侵入、非法控制计算机信息系统的违法犯罪行为而为其提供程序、工具	20人次以上	
		违法所得	≥5000元	
		造成经济损失	≥10000元	
	情节特别严重	提供能够用于非法获取支付结算、证券交易、期货交易等网络金融服务身份认证信息的专门性程序、工具	25人次以上	3年以上7年以下有期徒刑，并处罚金
		提供第一项以外的专门用于侵入、非法控制计算机信息系统的程序、工具	100人次以上	
		明知他人实施非法获取支付结算、证券交易、期货交易等网络金融服务身份认证信息的违法犯罪行为而为其提供程序、工具	25人次以上	
		明知他人实施第三项以外的侵入、非法控制计算机信息系统的违法犯罪行为而为其提供程序、工具	100人次以上	
		违法所得	≥25000元	
		造成经济损失	≥50000元	

表5-25　破坏计算机信息系统罪量刑标准

罪名	情节		数额（元）	刑期
破坏计算机信息系统罪	后果严重	违反国家规定，对计算机信息系统中存储、处理或者传输的数据和应用程序进行删除、修改、增加的操作	/	5年以下有期徒刑或者拘役
		故意制作、传播计算机病毒等破坏性程序，影响计算机系统正常运行	/	
		造成10台以上计算机信息系统的主要软件或者硬件不能正常运行	/	
		对20台以上计算机信息系统中存储、处理或者传输的数据进行删除、修改、增加操作	/	
		造成为100台以上计算机信息系统提供域名解析、身份认证、计费等基础服务，或者10000名以上用户提供服务的计算机信息系统不能正常运行累计1小时以上	/	
		违法所得	≥5000	
		造成经济损失	≥10000	
	后果特别严重	造成50台以上计算机信息系统的主要软件或者硬件不能正常运行	/	5年以上有期徒刑
		对100台以上计算机信息系统中存储、处理或者传输的数据进行删除、修改、增加操作	/	
		造成为500台以上计算机信息系统提供域名解析、身份认证、计费等基础服务或者为50000名以上用户提供服务的计算机信息系统不能正常运行累计1小时以上	/	
		违法所得	≥25000	
		造成经济损失	≥50000	
		破坏国家机关或者金融、电信、交通、教育、医疗、能源等领域提供公共服务的计算机信息系统的功能、数据或者应用程序，致使生产、生活受到严重影响或者造成恶劣社会影响的	/	

表5-26　拒不履行信息网络安全管理义务罪量刑标准

罪名	情节		数额（元）	刑期
拒不履行信息网络安全管理义务罪	经监管部门责令采取改正措施而拒不改正	致使违法信息大量传播	/	3年以下有期徒刑、拘役或者管制，并处或者单处罚金
		致使用户信息泄露，造成严重后果	/	
		致使刑事案件证据灭失，情节严重	/	

表5-27　非法利用信息网络罪量刑标准

罪名	情节		数额（元）	刑期
非法利用信息网络罪	情节严重	设立用于实施诈骗、传授犯罪方法、制作或者销售违禁物品、管制物品等违法犯罪活动的网站、通讯群组	/	3年以下有期徒刑或者拘役，并处或者单处罚金
		发布有关制作或者销售毒品、枪支、淫秽物品等违禁物品、管制物品或者其他违法犯罪信息	/	
		为实施诈骗等违法犯罪活动发布信息	/	

表5-28　帮助信息网络犯罪活动罪量刑标准

罪名	情节		数额（元）	刑期
帮助信息网络犯罪活动罪	情节严重	明知他人利用信息网络实施犯罪，为其犯罪提供互联网接入、服务器托管、网络存储、通讯传输等技术支持，或者提供广告推广、支付结算等帮助	/	3年以下有期徒刑或者拘役，并处或者单处罚金

第八节　直播行业刑事合规路径规划

刑事合规的基本内涵，实际上是一种刑事犯罪风险的内部防控机制，表现为：（1）以刑事法律为标准，避免承担刑事法律责任；（2）通过刑事合规，增强刑事风险的防范能力，达到预防犯罪效果的实现。

在直播行业要做到刑事合规，笔者建议：首先，需要对行业进行尽职调查，不仅要对企业内部进行尽职调查，还要对外部的合作伙伴进行调查；其次，在尽职调查之后，根据涉嫌的刑事犯罪总结直播领域的刑事风险点；最后，针对直播领域的风险点，确定刑事合规的重点及专项合规计划。

在上文，笔者对具体罪名的风险防控措施进行剖析，但针对直播行业刑事法律风险的合规路径规划，笔者认为要从直播平台企业和直播人员（主播）两个角度切入。

一、直播平台企业的刑事合规路径规划

（一）明确直播平台在直播过程中的主体定位

首先，应当明确经营直播平台必须是具有特定资质的企业。从目前的直播行业来看，直播平台企业一般分为电子商务平台经营者、单纯的广告经营者以及网络服务平台的提供者。

作为电子商务平台经营者，为直播平台网络直播提供网络经营场所。该定位下的典型代表为淘宝直播，其为采用网络直播方式推广商品或服务的经营者提供直播技术服务，直播平台与购物平台一般为同一移动端。

作为广告经营者，例如某直播平台实施广告宣传行为，不具有单独下单功能，单纯为网络直播营销活动进行推广。

作为网络服务平台的提供者，直播平台企业单纯提供网络接入和传播的服务。例如，某平台为广大网民提供上传分享短视频的行为。

（二）把控直播平台可能产生的刑事犯罪风险

明确了直播平台企业的定位之后，根据主体的不同，明确各个主体应当承担的义务。根据具体主体可能涉嫌刑事犯罪风险，调整对策。作为电子商务平台经营者、广告经营者以及网络服务平台提供者，分析最有可能会涉嫌的刑事犯罪，来规避刑事风险。

（三）直播平台合规体系路径规划

笔者认为，直播平台企业的刑事合规路径规划主要包括以下几个要点：

（1）根据平台定位及刑事风险建立合规政策；

（2）设立责任部门负责；

（3）员工合规培训；

（4）采取必要的措施来应对犯罪行为，并不断预防、完善合规计划。

二、直播人员（主播）的刑事合规路径规划

直播人员（主播）作为直播行业的主力军，在当前直播行业主播主要分为销售者、广告代言人、表演者三类。基于这三类主体定位，笔者对于主播的刑事合规要点整理如下。

（1）主播在代言相关产品或服务之前，应当对产品或服务进行详细了解与试用，了解产品或服务的具体情况，避免质量问题；

（2）慎重核实有关品质证书、合格证书等；

（3）开播之前应当与商家确认好在直播活动中做出的承诺，避免虚假宣传；

（4）审核经销商身份，避免侵犯知识产权类犯罪；

（6）不恶意举报他人，不在直播平台损毁竞争对手商誉、信誉；

（5）应当确保直播数据真实，不借助计算机技术篡改伪造；

（6）直播过程应当遵守法律法规，遵循平台规则。

综上所述，网络直播营销作为发展迅猛的新兴行业，同时也引发了大量的问题与纠纷。无论是直播平台企业还是直播人员（主播），都应当尽早树立起刑事防范意识，通过合法合规的方式直播，实现行业的长久发展。

第六章

直播行业税务合规

第一节　税务违规的严重后果

一、概述

（一）税务违规的财务后果

"死亡和税收是人生不可避免的两件事。"在税务合规领域，这句名言总是被无数次提及，却又被无数次忽视，引发一个个让人唏嘘的天价补税事件，当事人甚至身陷囹圄。

直播行业所涉及的主要税收包括增值税、个人所得税、企业所得税和其他次要税费，这些税种基本以主播个人或其企业的收入或利润，经一定扣除调整后的结果为基数（即"税基"），按一定的百分比（即"税率"）确定应纳税额，即：

（1）应纳税额 = 税基（以收入或利润为基础，经一定扣除调整后确定）× 税率

而如果没有依法履行纳税义务，相应的惩罚措施也会按照偷逃税款的一定百分比设定，包括：

（1）滞纳金=滞纳税款额×0.05%/日×滞纳税款天数（日），自滞纳税款之日起算

（2）罚款 = 不缴或者少缴的税款 × 罚款比例（0.5—5倍）

因此，与直播行业其他合规维度相比，税收违规可能对直播从业人员造成更为巨大的损失，因为税收违规的代价与其收入和利润紧密挂钩、成倍增长、上不封顶。结合直播带货作为新兴产业，相对早期的历史发展阶段，直播行业税务合规问题值得每一位从业人员高度重视。

（二）税务违规的刑事后果

除此之外，税收是国家经济秩序的重要保障，偷逃税款不仅面临补税、滞纳金、罚款等财务处罚，更有可能触发刑事犯罪，届时财务处罚尚属次要，"牢狱之灾"更引人唏嘘。就我国刑法体系而言，与税务有关的重要罪名包括了逃税罪和逃避追缴欠税罪。

逃税罪。如系逃税罪，纳税人可处三年以上七年以下有期徒刑，并处罚金（注：就直播行业的盈利能力而言，凡适用此款罪名的，预计均属于"逃避缴纳税款数额巨大并且占应纳税额百分之三十以上"的情形）；

逃避追缴欠税罪。如系逃避追缴欠税罪，纳税人可被处三年以上七年以下有期徒刑，并处欠缴税款一倍以上五倍以下罚金（注：就直播行业的盈利能力而言，凡适用此款罪名的，预计均属于"数额在十万元以上"的情形）。

（三）税务违规的职业后果

2020年11月12日，《国家广播电视总局关于加强网络秀场直播和电商直播管理的通知》（广电发〔2020〕78号）发布。该《通知》重点强调："要切实采取有力措施不为违法失德艺人提供公开出镜发声机会，防范遏制炫富拜金、低俗媚俗等不良风气在直播领域滋生蔓延，冲击社会主义核心价值观，污染网络视听生态。"

相比于其他业务违规、道德问题或负面舆情，税收违规属于更加直接的违法甚至犯罪行为，是合规领域的红线和底线，越线的沉重代价不言而喻。

二、典型案例

直播具有娱乐经济和演出经济的色彩，因此娱乐圈的前车之鉴值得每一位直播从业人员参考借鉴。

【案例1】早在1989年，我国娱乐行业早期发展阶段，当时某知名女歌手即被曝出偷税漏税的消息，据说在当时数额已达到4万多元；在1998年，该歌星再次深陷税务风波，其在2年多的时间内累计从事100余场演出，但部分收入未依法申报纳税，少缴税款逾百万元。

【案例2】2002年，我国另一知名女星亦因涉嫌偷税漏税，被检察院批准逮捕。经税务机关调查认定，该女星及其关联公司采取不列、少列收入，多列支出，虚假申报，通知申报而拒不申报等手段，偷逃税款逾1450万元，加上因税款逾期缴纳所产生的滞纳金570余万元，合计欠税超过2000万元，刷新当时的娱乐圈"补税记录"。并且，该女星也因此事件被"拘押"长达420余天，其演艺事业也一度受到沉重打击。

【案例3】随着我国社会经济的发展，2018年娱乐圈补税记录再创新高。当年6月初，因群众举报某知名演员涉税问题，国家税务总局责成江苏等地税务机关依法开展调查核实。调查结果显示，其与其名下企业采用"阴阳合同"、隐瞒真实收入、利用工作室账户隐匿个人报酬的真实性质等方式少缴税款、偷逃税款合计逾2.5亿元，再次刷新娱乐圈"补税记录"。结合其他调查事实和税收处罚措施，最终该演员需补税及缴纳相关滞纳金、罚款合计8.8亿元，其中属于补税性质的金额仅占28.88%，其余71.12%均系滞纳金和罚款等惩罚性措施。税务合规不仅仅是"补足差价"那么简单，还需承担高额的"违约责任"，在此案例中凸显无遗，该演员2018年被追缴税款、滞纳金、罚款情况如表6-1所示。

表6-1　某演员2018年被追缴税款、滞纳金、罚款汇总

性质	金额（亿元）	占比（%）
补税	2.55	28.88
滞纳金	0.33	3.74
罚款	5.95	67.38
合计	8.83	100.00

【案例4】税务合规不仅是每一个主播的个人事务，还必须成为行业共同的经营文化。从20世纪90年代的百万级，到21世纪初的千万级，再到2018年的亿级税款，都不是终点。随着个体事件带来的广泛关注，2018年国家税务总局还开展了"规范影视行业税收秩序工作"，影视行业经自查自纠，合计申报税款117.47亿元，最终将娱乐圈补税历史记录定格在了百亿量级。

【案例5】在直播行业，税收风险同样也在悄然发生。先于"直播带货"兴起的"直播打赏"领域，税收风险已有暴露。据《经济观察报》报道，北京地区于2017年即发生过某直播平台支付给主播人员的3.9亿元收入未按规定代扣代缴个人所得税，最终补缴税款逾6000万元的事件。此后，地方税务局亦有召集多家网络直播平台进行集中税务培训。

三、小结

总体来看，高现金流、高曝光率的行业历来都是税务稽查和补税罚款的"重灾区"，经营活动合法合规、风险规避未雨绸缪必不可少。若缺乏合规基础，与上述类似的偷逃税款、少缴税款等问题，在具有同样特点的直播行业，势必也会一再重复。而事实上，案例5已经表明，直播行业的税务风险已在悄然积聚。随着行业的快速发展，是否会重蹈影视圈的补税覆辙，是每一个从业人员不可忽视的话题。

要特别强调的是，对于直播行业，由于其税务风险同质化的特点，任何一个个体的税务风险暴露，都有可能蔓延成全行业的问题揭露，对全行业的良性有序发展造成重大打击，与此有关的"污点艺人"也将永远告别直播行业。

第二节　直播行业税收体系总览

一、直播行业税收体系的市场主体

在"直播带货"领域中，最基本的市场主体有三部分，主播、平台和商家（即所带货品的生产方或销售方），如图6-1所示。商家负责提供货品，直接与主播合作（常见于"顶流"明星），或者与平台合作，由平台所聘用的主播通过直播行为向消费者推介货品，实现直播销售收入。

市场主体在此过程中的经济行为，即会对该市场主体本身产生相应的纳税义务，可能涉及若干个税种，包括增值税、个人所得税、企业所得税以及若干次要税费。市场主体将这些纳税义务完整、按期、足额地履行了，方能称为"税务合规"。在当前税法体系下，这将是一个浩大而精细的工程。

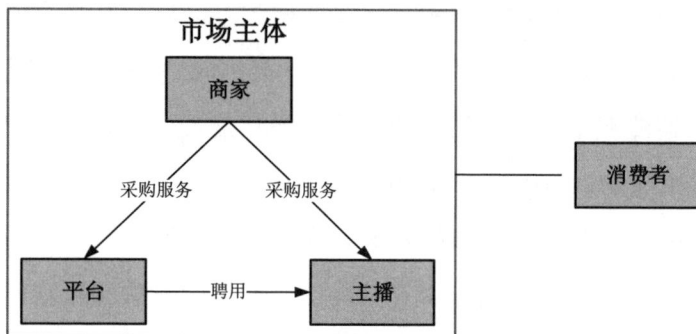

图6-1　直播行业税收体系的市场主体

二、直播行业税收体系的整体框架

直播行业各个市场主体所面对的税收体系，如图6-2所示，可以层层剖析：

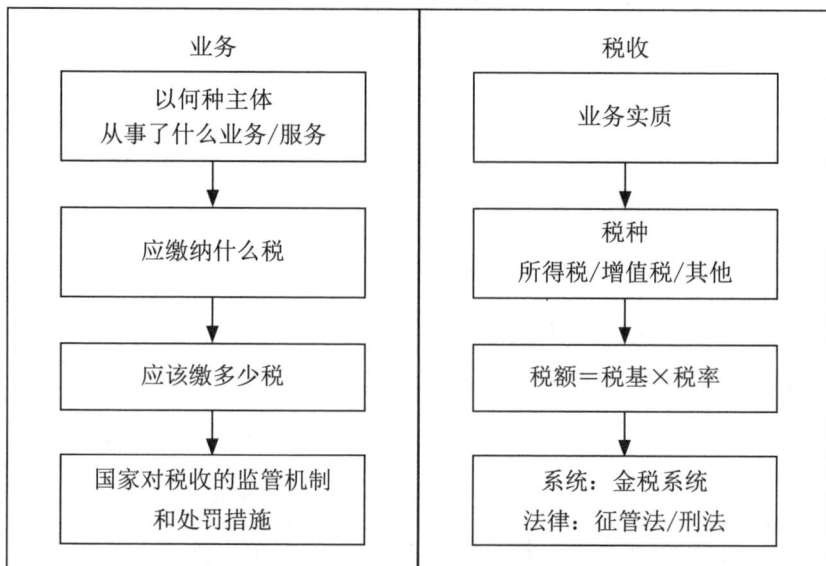

图6-2　直播行业税收体系的整体框架

三、以何种主体从事了什么业务/服务（经济实质）

税收之下众生平等，"直播带货"与其他经济行为在税收上并没有区别待遇，同样受国家税收法律法规的规限。市场主体采用个人、个人独资企业、个体工商户、公司、合伙企业等不同组织形式，或者从事不同类型的业务/服务，均会对其纳税义务产生影响，这两者（主体与业务/服务）即构成了市场主体的"经济实质"。市场主体拟评估自身"直播带货"行为的税额，首先需要从其经济实质出发。

（1）对于平台和主播（假设其直接和商家对接）而言，"直播带货"的实质，即其以平台企业（可能适用不同的组织形式）或个人名义，向商家提供了直播形式的服务，这种经济实质可能属于广告服务、经纪代理服务、咨询服务或者其他形式的服务，具体取决于其与服务采购方的合作模式。消费者通过观看其直播决定下单采购，商家据此依托直播实现了销售，相应地向平台和主播支付了服务费。

（2）对于受平台聘用的主播而言，根据其与平台是否建立劳动关系，如主播系于平台处任职、受雇，其经济实质属于个人工资、薪金所得；如主播并非平台的雇员，而仅系独立提供直播劳务，其经济实质即相应地属于个人提供劳务获取的劳务报酬所得；进一步地，如主播系在平台从事直播方面的生产、经营性质活动，特别是通过个体工商户、个人独资企业、合伙企业等形式进行生产经营的，则其相应适用经营所得。

（3）此外，如平台或主播直接向商家购入货物，并通过直播平台对外销售，其经济实质属于通过公司、合伙等组织形式或个人进行商品销售。

（4）对于商家而言，其系"直播带货"服务的采购方，即其发生了采购直播服务的支出，这种支出的经济实质，可能属于"销售佣金""广告费和业务宣传费"或者其他性质的支出。

上述经济实质的区分，又将根据国家制定的法律、国务院制定的行政法规、相关司法解释、财政部和国家税务总局等财税主管部门制定的部门规章或规范性文件等，最终转化为市场主体的纳税义务和责任承担。其中，由于不同的经济实质对应着不同的税基和税额，也将对主播、平台、产品生产方的税额产生不同效果。

四、应缴纳什么税（税种）+应该缴多少税（税额）

在明确了第一个问题之后，每一个"直播带货"的市场主体（包括个人），即可以基于其经济实质，结合国家税收法律法规，判定其业务所适用的税种，以及就该税种其应缴纳的税额。

如表6-2所示，我国现行税收体系下，最主要的税种为增值税、企业所得税、个人所得税和消费税，其中消费税的适用范围相对较小，故本书不展开。除此之外，增值税和消费税的缴纳又对应着城市维护建设税、教育费附加和地方教育附加；部分业务行为又会相应产生印花税纳税义务，前述次要税费在下文中统称为"小税种"。

表6-2 "直播带货"所涉税种分类

分类	税种
主要税种	增值税
	企业所得税
	个人所得税
	消费税★
次要税费 （小税种）	城市维护建设税
	教育费附加
	地方教育附加
	印花税

注：★适用范围相对较小，本书不予展开。

（一）增值税

增值税针对应税行为设定，即经营主体发生了一项增值税范畴内的应税行为，即需相应缴纳增值税。当前我国增值税法律体系的基础组成部分为《增值税暂行条例》和《财政部、国家税务总局关于全面推开营业税改征增值税试点的通知》，其所规限的应税行为，包括在中华人民共和国境内销售货物或者加工、修理修配劳务，销售服务、无形资产、不动产以及进口货物。"直播带货"的经济实质，对于平台和主播而言，系销售服务；对于商家而言，系销售货物，故其均属于增值税应税行为，需相应地缴纳增值税。

1.一般纳税人和小规模纳税人的区分

增值税的纳税义务需按照一般纳税人和小规模纳税人予以区分，年销售额是否超过500万元是一项主要（但非唯一）划分标准，其中小规模纳税人包括：（1）个人（不含个体工商户）；（2）年应征增值税销售额500万元及以下的单位（系指企业、行政单位、事业单位、军事单位、社会团体及其他单位，下同）和个体工商户；（3）以及按照有关政策规定，选择按照小规模纳税人纳税的单位和个体工商户。但如有需要，前述单位和个体工商户亦可申请成为一般纳税人；年应征增值税销售额超过500万元的单位和个体工商户为一般纳税人。

一般纳税人和小规模纳税人将对应着不同的增值税率和税额，对市场主体的经营收益产生迥异的财务影响，具体阐述如下。

2.一般纳税人的增值税税额

如果市场主体属于一般纳税人，其需按销售额与增值税率，定期计算销项税额，再按其当期销项税额扣除当期进项税额后的余额，缴纳增值税。由于"直播带货"基本属于广告服务、经纪代理服务、咨询服务等形式，平台和主播通常适用的增值税率为6%。故其增值税额可以通过如下公式计算：

> 一般纳税人应纳增值税额＝当期销售额×税率（6%）—当期进项税额

而对于商家及直接销售商品的平台和主播来说，由于其系销售商品，而大多数类型的商品适用13%的增值税率（亦有个别商品适用免增值税政策，即税率为0%，或其他税率）。故该等情形下其应纳增值税额需按如下公式计算：

> 一般纳税人应纳增值税额＝当期销售额×税率（多数为13%/个别为0%或其他）—当期进项税额

3.小规模纳税人的增值税税额

如果市场主体属于小规模纳税人，其没有进项税抵扣，直接以销售额为税基计算其需缴纳的税额。

> 小规模纳税人应纳增值税额＝销售额×征收率

上述公式中的征收率需根据纳税人的税务登记情况、年销售额、是否适用新冠肺炎疫情复工复业支持等情形区分，可能免征（即征收率为0%），亦可能适用1%或3%的征收率，具体归纳如表6-3所示。

表6-3　小规模纳税人增值税额分类

适用条件	适用期间		适用地域	适用征收率
已办理税务登记，并且适用按期纳税，月销售额10万元以下的小规模纳税人	无特别区分 0%			0%
自然人未办理税务登记或只选择了按次纳税，每次（日）销售额500元以内★				
其他小规模纳税人	2020年3月—12月 其他地区		湖北省	0%
			其他地区	1%
	其他期间★★	无特别区分		3%

注：（1）★根据《对十三届全国人大三次会议第8765号建议的答复》，按次纳税的纳税人，增值税起征点为每次（日）销售额300元至500元，目前全国各地均按照最高额度确定起征点。故本书中直接以500元作为起征点阐述相关增值税纳税义务。

（2）★★1％优惠税率系基于新冠肺炎疫情影响而实施的税收优惠政策，本章撰写时，优惠政策实施期限截止至2020年12月31日。

（二）个人所得税

"直播带货"涉及大量个人主播，相比于增值税，由于个人所得税与个人收入直接相关，其阶梯税率也相对较高，故对从业人员有着更直接的影响，该税种也是演艺、娱乐等行业的"税务风险高发地"。个人所得税的税基和税率系根据个人取得的收入性质而定，而收入性质又来自经济实质，这也反映了经济实质对于税收判断的重要性，它将最终决定市场主体的个人所得税应纳税额。

根据现行《个人所得税法》，个人取得的若干类型所得需申报缴纳个人所得税，行业内通行的设立工作室等做法，也属于个人所得税应税所得。其中与"直播带货"息息相关的所得类型包括：（1）综合所得（劳务报酬所得；工资、薪金所得；特许权使用费所得）；（2）经营所得；

（3）利息、股息、红利所得。

这些所得类型的具体定义和区别如下。

1.综合所得

自2018年个人所得税法修订后，个人取得的工资、薪金所得、劳务报酬所得、特许权使用费所得和稿酬所得将合并为综合所得，计征个人所得税。故我们将其中与直播行业密切相关的部分统一归入综合所得，统一阐述。

（1）劳务报酬所得

劳务报酬是主播最常见的收入形式之一。实践中，多数主播并不会与平台构成劳动合同关系，也有各种个人名义的兼职、挂靠、灵活用工形式。根据个人所得税法的有关原则，这些形式的经济实质属于劳务报酬所得，与主播当年取得的其他综合所得相合并后，按综合所得缴纳个人所得税。

具体税额计算上，劳务报酬所得按收入减除20%费用后的余额为收入额，相当于"打8折"计税，似乎具有一定优惠，但也需要注意以下两个问题。

问题1：劳务报酬适用较高的预扣税率，部分情形下涉及"个人所得税先扣后退"。根据《国家税务总局关于发布〈个人所得税扣缴申报管理办法（试行）〉的公告》，每次取得劳务所得后，平台需按如下所示较高的预扣税率为主播预扣个人所得税，预扣时也不能享受6万元基本扣除、专项附加扣除等，这也将导致主播有可能被预扣较多税收，如表6-4所示。而在年度汇算清缴时，主播将所有综合所得合并计税后，会出现预扣税收高于应缴税收的情况，此时主播可以按"多退少补"的原则申请退税。前述"先扣后退"的缴纳方式，未必符合主播的交易习惯。

表6-4 劳务报酬所得预扣率

级数	预扣预缴应纳税所得额	预扣率	速算扣除数（元）
1	不超过20000元	20%	0
2	超过20000元至50000元的部分	30%	2000
3	超过50000元的部分	40%	7000

问题2：如采用劳务报酬方式，大多数情况下主播需向平台开具发票，平台才能税前扣除。这意味着主播可能出现增值税和相应小税种的纳税义务。由此问题也可看出，税收是一个环环相扣的机制，不同税种之间存在相关性，这也是税务合规高度专业性的表现之一。

（2）工资、薪金所得

工资、薪金所得是个人受雇、任职而取得的工资、薪金、年终奖等各类与其受雇、任职有关的所得，即通常意义下的工资收入。如主播与平台构成劳动合同关系，平台向其支付的薪酬即属于员工的"工资、薪金所得"。在现行个人所得税体系下，该部分所得又可拆分为全年一次性年终奖的部分和其他部分（例如月基本工资、月绩效工资等），其中"全年一次性年终奖"是指全年一次性年终奖目前仍然延续税务优惠政策，即不并入当年综合所得，而是单独计税。该政策即将于2021年12月31日到期。"其他部分"是指剔除全年一次性年终奖后的工资、薪金所得，平台需按月办理预扣预缴。在年度汇算清缴时，个人将这部分工资、薪金所得与其他类型的综合所得一起，合并计算全年综合所得的个人所得税，与所有已预缴税额进行比较后"多退少补"。

（3）特许权使用费所得

特许权使用费，是指个人提供各类特许权的使用权而取得的所得，例如专利权、商标权、著作权等均属此类（但不包括稿酬），直播行业中，"顶流"可能会因出售肖像权等经济行为适用此类所得。

此类所得的税基按收入扣除20%费用后的余额作为"收入额"，并入综合所得一并纳税。

（4）综合所得的个人所得税额计算

总体来看，直播行业的综合所得通常由工资、薪金所得、劳务报酬所得和特许权使用费所得构成。我们可以用如下公式表示该等情形下的年个人所得税额（不考虑捐赠等特殊情况，亦暂不考虑稿酬部分）：

（1）综合所得年个人所得税额＝综合所得全年应纳税所得额×税率

（2）综合所得年应纳税所得额＝劳务报酬年收入×80%＋工资薪金年收入（全年一次性奖金另算）＋特许权使用费年收入×80%－6万元－专项扣除－专项附加扣除－其他扣除

上述公式中，专项扣除系指个人缴纳的各项基本社保和住房公积金等支出；专项附加扣除系指子女教育、成人继续教育、大病医疗、住房贷款利息或者住房租金、赡养老人的支出、个人对于教育等公业事业的捐赠六项扣除；其他扣除指符合国家规定的年金、商业健康险、税延性商业养老保险等其他扣除项目；税率需根据税基，一般按如表6-5所示的超额累进税率确定。

表6-5　综合所得税率表

级数	全年应纳税所得额	税率	速算扣除数（元）
1	不超过36000元的	3%	0
2	超过36000元至144000元的部分	10%	2520
3	超过144000元至300000元的部分	20%	16920
4	超过300000元至420000元的部分	25%	31920
5	超过420000元至660000元的部分	30%	52920
6	超过660000元至960000元的部分	35%	85920
7	超过960000元的部分	45%	181920

此外，如纳税人符合海南自贸港税务优惠政策，也可享受最高不超过15%的优惠个人所得税率。

2.经营所得

（1）经营所得的经济实质

由于部分经营所得可以适用核定征收政策，简化财务核算流程，降低实际税负率，也是业内常见的经营形式，被主播、平台或商家的实际控制人广泛采用。其中最多见的，当属主播/其他个人开设个人独资企业（俗称"工作室"）。

包括上述形式在内，根据个人所得税法，以下经济实质下的所得均属于经营所得，如表6-6所示。

表6-6　经营所得分类表

序号	经营所得的适用条件
1	个体工商户从事生产、经营活动取得的所得，个人独资企业投资人、合伙企业的个人合伙人来源于境内注册的个人独资企业、合伙企业生产、经营的所得
2	个人依法从事办学、医疗、咨询以及其他有偿服务活动取得的所得
3	个人对企业、事业单位承包经营、承租经营以及转包、转租取得的所得
4	个人从事其他生产、经营活动取得的所得

经营所得具有三大特点：

一是经营所得与劳务报酬所得的区分。从文字定义上可以发现，经营所得和劳务报酬所得之间存在一定的重叠，如"个人从事咨询取得的所得"，既符合经营所得的定义，也符合劳务报酬所得的定义。

市场主体从事"直播带货"，区分适用何种所得，仍需从其经济实质出发方能判断。实践中，由于主播通常以个人身份从事业务/服务，大多数情形下属于劳务性质，即应按劳务报酬所得应税。相比之下，经营所得由于具备核定征收政策或可享受更多成本扣除，会更加吸引主播，特别是高收入主播。因此，以个人名义从事主播活动，并不适合该类主播，设立个体工商户、个人工作室（法律实质为个人独资企业）或合伙企业，是业内常见的税务安排，但也是许多税务风险隐患的起点。

二是设立工作室不等于税务优惠。工作室不是税务筹划的终点。请注意法条原文，必须是主播来源于工作室"生产、经营"的所得，方有望享受经营所得核定征收。简单设立工作室，即认为可以基于核定征收实现"合理避税"，是存在于多个行业的一项误区。事实上，该方式混淆了企业和个人的应税收入，隐匿了个人应税收入的真实性质，反而可能遭致更加严重的财务损失。

关于该误区的详细分析和解决方案，笔者将在本章"直播行业税务筹划的正确方式"部分中具体阐述。

三是单层纳税。经营所得的另一特点是其属于单层纳税，即不涉及企业所得税，直接缴纳个人所得税。个人就其来源于个人独资企业、合伙企业、个体工商户生产、经营的所得缴纳该款个人所得税后，剩余的部分即为个人可支配的税后收入。

（2）经营所得的个人所得税额计算

经营所得的个人所得税额计算，可按如下公式表述：

经营所得年个人所得税额 = 经营所得年应纳税所得额 × 税率

其中，企业（即主播/其他个人所设立的个人独资企业、合伙企业等）根据税法规定，可能适用查账征收方式，也可能适用核定征收方式（具体标准需根据相关税法适用并获相应核准）。由于征收方式的区别，经营所得年应纳税所得额又有两种计算方式，如表6-7所示。

表6-7　经营所得年应纳税所得额的计算

序号	适用类型	计算方式
1	查账征收	以每一纳税年度的收入总额减除成本、费用、损失以及允许弥补的以前年度亏损（如适用）后的余额，为应纳税所得额。没有综合所得的，还可减除费用6万元、专项扣除、专项附加扣除以及依法确定的其他扣除（专项附加扣除在办理汇算清缴时减除）
2	核定征收	就主播行业而言，通常按（企业年收入额 × 10%）计算。此外，虽有部分地区可能为主播设定更低的核定方式，但考虑到政策稳定性问题，本书不予展开分析

在确定经营所得年应纳税所得额后，一般按如下超额累进税率，确定主播的经营所得年个人所得税额，如表6-8所示。

表6-8　经营所得税率表

级数	全年应纳税所得额	税率
1	不超过30000元的	5%
2	超过30000元至90000元的部分	10%
3	超过90000元至300000元的部分	20%
4	超过300000元至500000元的部分	30%
5	超过500000元的部分	35%

此外，如纳税人符合海南自贸港税务优惠政策，也可享受最高不超过15%的优惠个人所得税率。

从上述计算和征收规则可以看出，如果按照核定征收纳税，主播的收入全部表现为其所设立的个人独资企业或合伙企业的年收入，因按年收入额的10%计税，无论收入多高，其实际税额不会超过其收入额的3.5%。由于直播行业高毛利的特点，这种方式相比按利润额的35%计税，将一定程度降低市场主体的税额。因此设立个人独资企业或合伙企业作为经营主体，成为大多数高收入主播/平台的共同选择。当然，这种方式的可持续性和有效性，以避免"核定征收即可合理避税"的误区为首要前提。

3.利息、股息、红利所得

如主播、平台或商家采用公司制经营，公司实际控制人为自然人（本书暂不考虑外籍），按规范的公司治理方式，其名下公司首先需缴纳企业所得税，具体缴纳规则详见以下"企业所得税"相关章节。而企业利润在缴纳企业所得税之后，仍然属于公司的财产，如个人需要从公司实际取得利润，还需由公司向其个人（作为股东）进行分红。此种分红所得，在个人所得税范畴内即属于"利息、股息、红利所得"。由于参与直播行业的自然人主要为境内自然人，如图6-3所示，其所获得的分红需按收入额和20%税率缴纳个人所得税：

利息、股息、红利所得个人所得税 = 分红金额 × 20%

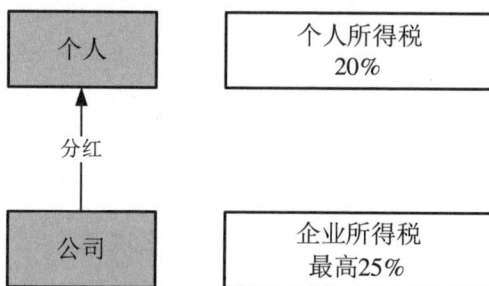

图6-3　利息、股息、红利所得个人所得税

按此测算，如采用公司制经营，如表6-9所示，假设公司税前利润为100元，企业所得税税率为25%，公司税后净利润为75元（100元－100元×25%）。在缴纳企业所得税后，如果个人需从公司领取利润（假设不考虑计提盈余公积等因素），还需缴纳20%个人所得税，即15元（75元×20%）。最终，个人实际可获得的利润为60元（100元－25元企业所得税－15元个人所得税），仅相当于税前利润的60%，实际税负率仅次于综合所得。因此，采用公司制从事"直播带货"，就税收层面而言，不适合分红需求较高的个人。

表6-9　分红个人所得税测算

类目	数额
税前利润	100元
企业所得税	25元
个人所得税	15元
税后收益	60元
实际综合税负率	40%

（三）企业所得税

1.适用对象

直播行业市场主体如果为有限责任公司或股份有限公司（本书中仅考虑居民企业，不考虑境外公司等非居民企业），其即需就其盈利缴纳企业所得税。采用有限责任公司或股份有限公司的市场主体主要为商家和平台，另有个别"顶流"也会设立公司作为其经营主体的组成部分。

2.企业所得税额的计算

我们可以按以下公式理解企业所得税的计算方式：

年企业所得税额 = 公司年应纳税所得额 × 等效税率

上述公式中的公司年应纳税所得额，是全年公司收入总额，减除不征税收入、免税收入、各项扣除以及允许弥补的以前年度亏损后的余额。其中不征税收入和免税收入通常不适用于直播行业，各项扣除是指按税法规定允许税前扣除的各类成本和费用。

等效税率可以理解为公司就其年应纳税所得额，实际需承担的税负比率，其根据公司性质不同予以区分，最低可免征，最高可为25%。根据直播行业一般涉及的公司类型，如表6-10所示进行归纳。

表6-10　企业所得税率

序号	公司类型	等效税率
1	农、林、牧、渔所得	免征或按50%减征
2	符合条件的小微企业	公司年应纳税所得额不超过100万元的部分：5% 公司年应纳税所得额超过100万元但不超过300万元的部分：10%
3	高新技术企业、适用西部大开发优惠政策或海南自贸港优惠政策的企业	15%
4	其他公司	25%

3.企业净利润与分红

如前所述，对于公司制的经营方式，企业所得税并非终点，缴纳企业所得税后，还需就公司分红缴纳一部分个人所得税，剩余部分才是完整归属于个人的收入。而这个过程的实际综合所得税率，最高可达40%。

（四）小税种

1.城市维护建设税、教育费附加、地方教育附加

城市维护建设税、教育费附加、地方教育附加均以纳税人实际缴纳的增值税和消费税为税基，按一定税率缴纳。

城市维护建设税/教育费附加/地方教育附加=（实缴增值税＋实缴消费税）×税/费率

故"直播带货"的市场主体如缴纳了增值税或消费税，即需相应缴纳城市维护建设税、教育费附加和地方教育附加。

上述公式中的税/费率需根据纳税人的所在地区和增值税纳税人分类而定：（1）对于增值税一般纳税人而言，城市维护建设税根据纳税人所在地区分，如系市区的，适用7%税率；如系县城、镇的，适用5%税率；如不在市区、县城或者镇的，适用1%税率。教育费附加适用3%费率，地方教育附加适用2%费率。（2）对于增值税小规模纳税人，可在前述基础上最高按50%减征各项附加税种。

2.印花税

印花税也属于市场主体日常经营中的小税种，其金额虽小，亦不可忽视。就直播行业而言，所涉印花税主要包括：①公司制市场主体就其实收资本和资本公积，以及其他营业账簿缴纳印花税；②商家就其购销、仓储、运输等行为缴纳印花税。

五、国家对税收的监管机制和处罚措施

（一）金税系统和自然人电子税务局

1.金税系统

自1994年以来，我国税收体制随着国家经济的快速发展，也在不断地调整、改革，以适应经济发展和现代化税收管理的需要，特别是税收管理电子化进程一直在深化，其成果即为金税系统。该系统已经完成了3期建设，并开始进行第4期建设。金税系统产生之初，主要服务于增值税发票管

理，互联网经济和大数据技术的兴起，则将其功能不断延伸拓展。其征管能力之强，在实体经济领域已经成为共识。

对于直播行业而言，一方面，"直播带货"的产品是实体货物，自然受到此系统的规限。另一方面，直播行业中主播、平台和商家的经济实质基本属于增值税应税行为，亦在此系统的管辖范围内。

电商行业针对性的税务征管系统优化完善工作也在持续进行中，从2020年底公布的《国家税务总局2020年电子商务税收数据分析应用升级完善和运行维护项目中标公告》中，我们也可以管中窥豹，预见到未来电商行业大数据税务征管时代的来临，如图6-4所示。

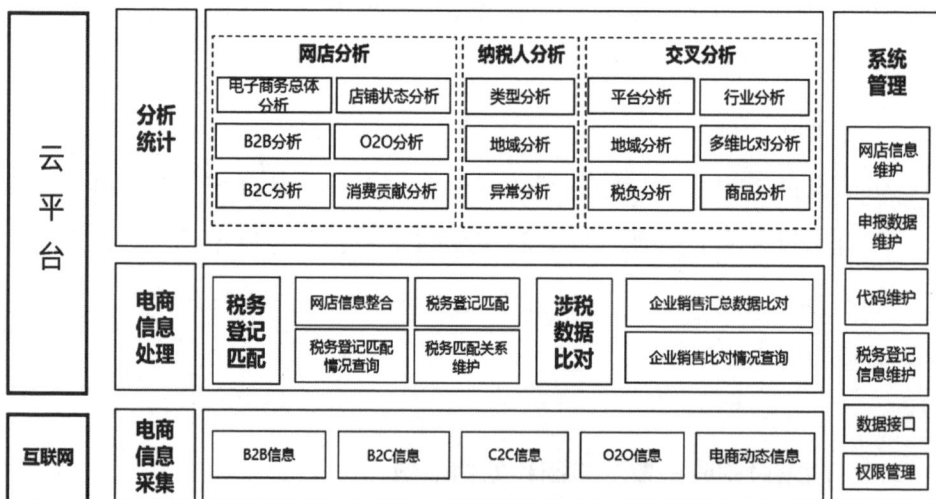

图6-4　2020年电子商务税收数据分析应用升级完善和运行维护项目

注：摘自国税总局《2020年电子商务税收数据分析应用升级完善和运行维护项目技术部分》。

2.自然人电子税务局

除了增值税以外，直播行业涉及大量自然人主播，个人所得税涉及面也很广。个人所得税由全国统一的自然人税收管理系统负责征管。同样地，随着互联网和大数据技术的不断发展，这一系统和同属互联网经济的直播行业有着天然的高度匹配性。

上述两项系统紧密配合，极大地压缩了不规范税务操作的生存空间，也是直播行业"税务合规"的"紧箍咒"。也许由于各种原因，每个个体的税务风险暴露会存在时滞，但历史不会消失，数据不会湮灭，责任无法逃避。随着稽查覆盖的扩大和技术的发展，曾经不规范的税务操作迟早会暴露。此时，受到法律的处罚就会成为下一个课题，这是每一个市场主体都不愿面对的。

（二）税收征收管理法

未按期足额纳税的违规后果，首先是财务后果，即补税、缴纳滞纳金和罚款。其法律依据来自《税收征收管理法》。按该部法律，税务违规将面临如下惩罚性措施：

（1）逾期缴纳税款（即"滞纳税款"）的，从滞纳之日起，按日加收滞纳税款0.05%的滞纳金。

（2）对纳税人、扣缴义务人偷税、抗税、骗税的，税务机关追征其未缴或者少缴的税款、滞纳金或者所骗取的税款，不受期限限制。

（3）纳税人偷税的，由税务机关追缴其不缴或者少缴的税款、滞纳金，并处不缴或者少缴的税款50%以上5倍以下的罚款；构成犯罪的，依法追究刑事责任。

（4）扣缴义务人应扣未扣、应收而不收税款的，对扣缴义务人处应扣未扣、应收未收税款50%以上3倍以下的罚款。

简而言之，鉴于我国多款个人所得税施行代扣代缴机制，纳税人和扣缴义务人（即向纳税人支付所得的一方）都有可能面临税务违规，违规后果包括补缴税款、0.05%每日的滞纳金和0.5—5倍不等的罚款。这于法有据，莫谓言之不预。

（三）刑法

刑事犯罪是税务违规的最严重后果。根据《刑法》和直播行业特点，我们建议每一个主播重点学习和关注以下条款，如表6-11所示。

表6-11　税务刑事犯罪条款摘要

《刑法》条款	条款摘要
第二百零一条（逃税罪）	纳税人采取欺骗、隐瞒手段进行虚假纳税申报或者不申报，逃避缴纳税款数额较大并且占应纳税额10%以上的，处3年以下有期徒刑或者拘役，并处罚金；数额巨大并且占应纳税额30%以上的，处3年以上7年以下有期徒刑，并处罚金。 　　扣缴义务人采取前款所列手段，不缴或者少缴已扣、已收税款，数额较大的，依照前款的规定处罚。 　　对多次实施前两款行为，未经处理的，按照累计数额计算。 　　有第一款行为，经税务机关依法下达追缴通知后，补缴应纳税款，缴纳滞纳金，已受行政处罚的，不予追究刑事责任；但是，五年内因逃避缴纳税款受过刑事处罚或者被税务机关给予两次以上行政处罚的除外。
第二百零三条（逃避追缴欠税罪）	纳税人欠缴应纳税款，采取转移或者隐匿财产的手段，致使税务机关无法追缴欠缴的税款，数额在1万元以上不满10万元的，处3年以下有期徒刑或者拘役，并处或者单处欠缴税款1倍以上5倍以下罚金；数额在10万元以上的，处3年以上7年以下有期徒刑，并处欠缴税款1倍以上5倍以下罚金。
第二百零五条之一（虚开发票罪）	虚开本法第二百零五条规定以外的其他发票，情节严重的，处两年以下有期徒刑、拘役或者管制，并处罚金；情节特别严重的，处2年以上7年以下有期徒刑，并处罚金。 　　单位犯前款罪的，对单位判处罚金，并对其直接负责的主管人员和其他直接责任人员，依照前款的规定处罚。

六、"直播带货"相关重要税收法律法规归纳

国家税收管理是一个庞大而系统化的体系，我们所作的每一条阐述、分析背后，都对应着大量税收法律、行政法规、司法解释、部门规章或规范性文件（以下统称"税收法律法规"）。

如表6-12所示，我们将"直播带货"相关重要税收法律法规一一列

举，希望读者能从这张长长的清单中，体会到国家税收管理的严肃性和税务合规的高度专业性。

表6-12　"直播带货"相关重要税收法律法规归纳

序号	税收法律法规名称
(一) 增值税	
1	中华人民共和国增值税暂行条例
2	财政部、国家税务总局关于全面推开营业税改征增值税试点的通知
3	国家税务总局关于纳税人虚开增值税专用发票征补税款问题的公告
4	国家税务总局关于小规模纳税人免征增值税政策有关征管问题的公告
5	国家税务总局关于增值税发票管理等有关事项的公告
6	财政部、税务总局关于统一增值税小规模纳税人标准的通知
7	增值税一般纳税人登记管理办法
8	财政部、税务总局关于支持个体工商户复工复业增值税政策的公告
9	国家税务总局关于支持个体工商户复工复业等税收征收管理事项的公告
10	财政部、税务总局关于延长小规模纳税人减免增值税政策执行期限的公告
11	对十三届全国人大三次会议第8765号建议的答复★
(二) 个人所得税	
12	中华人民共和国个人所得税法
13	中华人民共和国个人所得税法实施条例
14	个体工商户个人所得税计税办法
15	个体工商户建账管理暂行办法
16	个体工商户税收定期定额征收管理办法
17	国家税务总局关于印发《征收个人所得税若干问题的规定》的通知
18	财政部、国家税务总局关于印发《关于个人独资企业和合伙企业投资者征收个人所得税的规定》的通知
19	国家税务总局关于印发《关于个人独资企业和合伙企业投资者征收个人所得税的规定》执行口径的通知
20	财政部、国家税务总局关于规范个人投资者个人所得税征收管理的通知
21	财政部、国家税务总局关于合伙企业合伙人所得税问题的通知★

续　表

序号	税收法律法规名称
22	财政部、国家税务总局关于个人所得税法修改后有关优惠政策衔接问题的通知
23	国家税务总局关于发布《个人所得税扣缴申报管理办法（试行）》的公告
24	国家税务总局关于个人所得税自行纳税申报有关问题的公告
25	财政部、国家税务总局关于个人所得税综合所得汇算清缴涉及有关政策问题的公告
26	国家税务总局关于修订部分个人所得税申报表的公告
27	国家税务总局关于小型微利企业和个体工商户延缓缴纳2020年所得税有关事项的公告
28	国家税务总局关于完善调整部分纳税人个人所得税预扣预缴方法的公告
29	国家税务总局关于进一步简便优化部分纳税人个人所得税预扣预缴方法的公告
30	海南省人民政府关于印发海南自由贸易港享受个人所得税优惠政策高端紧缺人才清单管理暂行办法的通知
31	对十三届全国人大三次会议第8765号建议的答复★
（三）企业所得税	
32	中华人民共和国企业所得税法
33	中华人民共和国企业所得税法实施条例
34	国家税务总局关于贯彻落实企业所得税法若干税收问题的通知
35	国家税务总局关于进一步明确企业所得税过渡期优惠政策执行口径问题的通知
36	国家税务总局关于实施小型微利企业普惠性所得税减免政策有关问题的公告
37	财政部、国家税务总局关于海南自由贸易港企业所得税优惠政策的通知
38	财政部、海关总署、国家税务总局关于深入实施西部大开发战略有关税收政策问题的通知
39	关于延续西部大开发企业所得税政策的公告
40	财政部、国家税务总局关于合伙企业合伙人所得税问题的通知★
41	财政部、国家税务总局关于企业手续费及佣金支出税前扣除政策的通知
42	关于广告费和业务宣传费支出税前扣除有关事项的公告
43	国家税务总局一般反避税管理办法（试行）
44	特别纳税调整实施办法（试行）

序号	税收法律法规名称
45	国家税务总局关于发布《企业所得税税前扣除凭证管理办法》的公告
46	国家税务总局关于发布修订后的《企业所得税优惠政策事项办理办法》的公告
47	国家税务总局关于修订企业所得税年度纳税申报表有关问题的公告
48	国家税务总局关于修订《中华人民共和国企业所得税月（季）度预缴纳税申报表（A类，2018年版）》等报表的公告
49	对十三届全国人大三次会议第8765号建议的答复★
（四）小税种	
50	中华人民共和国城市维护建设税法
51	中华人民共和国印花税暂行条例
52	财政部、国家税务总局关于扩大有关政府性基金免征范围的通知
53	财政部、国家税务总局关于实施小微企业普惠性税收减免政策的通知★
54	财政部、国家税务总局关于对营业账簿减免印花税的通知
55	国家税务总局关于资金账簿印花税问题的通知
（五）税收征收管理	
56	中华人民共和国税收征收管理法
57	中华人民共和国税收征收管理法实施细则
58	中华人民共和国发票管理办法
59	中华人民共和国发票管理办法实施细则
60	增值税纳税申报比对管理操作规程（试行）
61	税务行政复议规则
62	税收违法行为检举管理办法
63	国家税务总局关于发布《委托代征管理办法》的公告
（六）刑法	
64	中华人民共和国刑法
65	最高人民法院关于虚开增值税专用发票定罪量刑标准有关问题的通知
66	最高人民检察院关于充分发挥检察职能服务保障"六稳""六保"的意见

注：＊表示该类文件同时涉及多个税种。

特别提示：以上法律法规不代表直播行业依法纳税所涉及的全部法律法规，只是直播行业可能经常涉及的主要税收相关法律法规。

第三节　直播行业各市场主体的纳税要点

一、主播

（一）经济实质的划分

主播是行业内数量最为庞大的主体，不同主播采取的经营模式也有所不同，这将导致其经济实质各有差异。如上所述，不同的经济实质将对应着不同的纳税义务。因此，在阐述主播的纳税义务之前，按照直播行业税收体系的整体框架，我们首先需厘清主播在"直播带货"中具体从事了什么业务/服务，产生了什么结果，进而判定其经济实质。根据该等经济实质方能确定其税负。

就目前行业状态而言，主播的经济实质涵盖了个人劳务、经营所得（开设个体工商户、个人独资企业或合伙制）、工资薪金、公司制等多种形式，分别适用不同的税基和税率。主播需首先明确自身的经济实质，方能厘清自身税负。

（二）不同经济实质下的纳税要点

1.个人劳务

直播行业有着庞大基数的主播群体。在刚进入主播行业之际，没有名气、没有流量，流动性大、收入额低是行业常态。此阶段的主播通常属于灵活用工状态，即未与平台构成雇佣关系，属于以个人名义向平台提供劳务。这种情景下，主播需要缴纳如下税收。

（1）增值税。此情景下主播一般与平台对接，为平台提供劳务。此种劳务属于增值税应税行为，故主播首先需缴纳增值税。而平台通常采用公司制。因此平台为自身税务管理需要，通常会要求主播向其开具发票，以此作为税前扣除凭证。在此情形下，如主播未办理税务登记或只选择了按次纳税，将适用较低的起征点，凡超过每次（日）销售额500元的起征点，即将适用小规模纳税人的征收率（最高3%）。因此，对于收入略高但不是特别高的主播，如果采取个人劳务模式，办理税务登记并选择按期纳税（即可享受月销售额10万元以内免征增值税的待遇），是比较理想的选择。

（2）个人所得税（劳务报酬所得）。主播提供了个人劳务，其所得即属于个人所得税项下的劳务报酬所得，如前所述，需按收入的80%计税，并入当年综合所得一并缴纳个人所得税。由于主播是从平台处获取的收入，按照现行税收管理机制，平台向主播支付劳务报酬所得时，即需为其预扣个人所得税，并且预扣率可能高于主播的实际应纳税额。这一超出部分需要主播在次年个人所得税汇算清缴时，通过退税方能返还。因此，如果从事个人劳务的主播觉得自己的"到手收入"特别少，有可能即为"预扣个人所得税"所致，这是一种收入的"虚低"现象，在次年汇算清缴时即可补回。当然，先缴后补，在心理层面可能无法接受，此时主播即应考虑，是否还应按个人劳务方式与平台继续合作，是否需要变更自身业务的经济实质，实现更有利的税务安排，这种需求即属于"税务筹划"需求。

（3）小税种。如主播缴纳了增值税，即需按其所缴纳的增值税，相应缴纳城市维护建设税、教育费附加和地方教育附加。具体缴纳税额计算详见本章的"直播行业税收体系总览"部分。

2.经营所得（开设个体工商户、个人独资企业或合伙制）

主播个人设立个人独资企业、合伙企业或个体工商户（最常见的即为"工作室"）作为经营实体，也是直播行业常见的经营模式。这种经营模式的主要目的是通过核定征收实现个人所得税的税务筹划。假设主播个人获得的所得均适用经营所得，其纳税要点如下。

（1）个人所得税（经营所得）。对于主播自个人独资企业、合伙企业或个体工商户取得的经营所得，首先需缴纳个人所得税，一般有查账征收和核定征收两种征收方式。查账征收方式下，主播所设立的个人独资企业、合伙企业或个体工商户需建立健全的会计核算体系，依照税法计算应纳税所得额（可以简单理解为"税务利润"），并对应纳税所得额按5%—35%的超额累计税率缴纳个人所得税。在核定征收方式下，实践中主播所设立的个人独资企业或合伙企业通常按收入额的10%作为应纳税所得额，并就此按5%—35%的超额累计税率缴纳个人所得税。部分地区还可通过财政返还等方式给予进一步优惠，另有部分地区可能为主播设定更低的核定方式，进一步降低其税负，但考虑到政策稳定性问题，本书不予展开分析。相对劳务报酬所得而言，经营所得因为不适用代扣代缴、实际税负率更低等特性，是更受高收入主播欢迎的一种纳税方式，但前提是主播的经济实质必须符合"经营所得"。

（2）增值税和小税种。个人独资企业、合伙企业或个体工商户所提供的直播服务，其经济实质仍然属于增值税应税行为，故需缴纳增值税。此时，月销售额10万元以内的小规模纳税人可以适用增值税免税政策；月销售额超过10万元的小规模纳税人2020年3月至12月间，可以适用复工复产优惠征收率（1%或免征，视注册地域而定），其余期间适用3%征收率（注：本章撰写时，优惠政策实施期限截止至2020年12月31日）；一般纳税人则按销售额的6%，扣除进项税额后缴纳增值税。缴纳增值税后，个人独资企业、合伙企业或个体工商户即需按其所缴纳的增值税，缴纳相应的城市维护建设税、教育费附加和地方教育附加。具体缴纳税额计算详见本章的"直播行业税收体系总览"部分。

3.工资薪金

随着主播行业的快速发展，以及部分企业开始鼓励内部员工加入直播行业，主播中也有少量系公司内部员工，他们与公司之间签订劳动合同，构成雇佣关系。该情形下，主播所取得的收入性质为工资、薪金所得，在现有税制下，剔除全年一次性年终奖单独计税后，其余部分直接并入综合所得缴纳个人所得税即可（企业需按月预扣预缴员工个人所得税）。

同时，工资、薪金所得不属于增值税应税行为，不涉及其他税种。其优点在于简洁明了，容易操作；其缺点是行业人员流动性大，适用范围相对较小。

4.公司制

除上述形态外，也有个别"顶流"开设公司作为经营实体，公司的增值税和小税种纳税义务和个人独资企业、个体工商户、合伙企业没有显著差异，另需缴纳企业所得税。缴纳企业所得税之后的利润属于企业的净利润，在完成弥补以前年度亏损、计提盈余公积等一系列公司财务规范后，剩余部分作为未分配利润，可以向公司个人股东分配。实际分配时，由于个人取得公司分红属于"利息、股息、红利所得"，将适用20%个人所得税，并且该等税额需由公司为个人股东代扣代缴。由于主播采用公司制的数量较少，本书不予展开。

二、商家

（一）经济实质的划分

在本章中我们一再提及，经济实质将对业务的税负产生截然不同的影响。任何机构在决定其经营模式时，均需关注其经济实质，合理评估税负。如果"直播带货"的商家直接委聘主播或通过平台为其"直播带货"（即作为直播服务的采购方），并且其适用企业所得税，支出的直播费用虽然相同，但不同的业务性质对应着不同的经济实质，进而将导致该等支出的税前扣除限额各有不同。

具体而言，"直播带货"只是一个业务名词，商家所采购的直播服务，其经济实质可以是经纪服务、广告/业务宣传服务或者直接将采购服务变更为合伙经营，个中区别和税收管理规定归纳如图6-5所示。

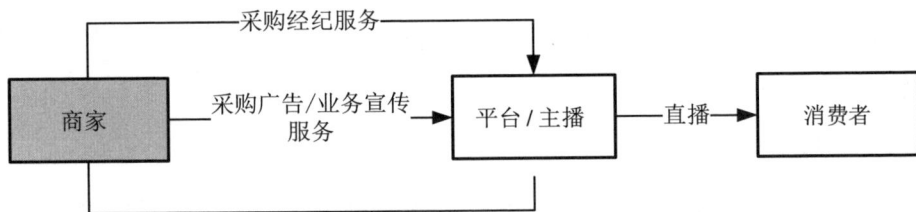

图6-5　直播服务的经济实质

（二）不同经济实质下的纳税要点

1.经纪服务

如图6-6所示，经纪服务，即主播系通过其直播行为，为商家代理推介产品，撮合消费者向商家直接下单，从而收取中介服务费用。对于商家而言，因经纪服务所支出的佣金，其经济实质即属于"销售佣金"。

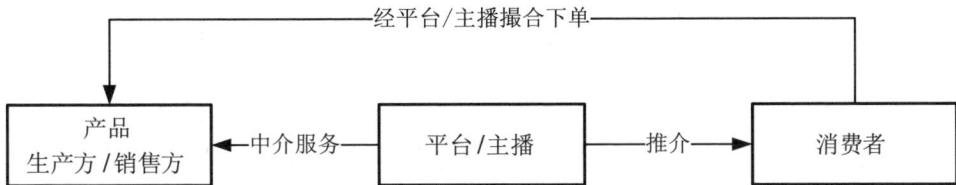

图6-6　经济服务的经济实质

　　对于商家而言，为直播服务而支出销售佣金是相当不利于其企业所得税负的。因为税法对佣金抵扣比例有着严格的要求，主要依据包括《财政部、国家税务总局关于企业手续费及佣金支出税前扣除政策的通知》等。一般而言，对于保险企业以外的企业，只有发生额在符合条件的收入金额5%以内的佣金，方能在企业所得税前列支。如表6-13所示，假如某企业20××年因"直播带货"形成销售收入1亿元，实际约定的佣金比例为10%（即需向平台/主播支付1000万元销售佣金）。这1000万元支出中，仅有500万元（即1亿元的5%）可在税前扣除，这将极大地增加企业的实际所得税负率。而就"直播带货"来说，对于一线直播，实际佣金比例也有可能高于10%，这意味着采取销售佣金模式的"直播带货"，将为企业带来相当高昂的实际企业所得税负率。

表6-13　销售佣金税前扣除限额示例

经纪服务实现的销售收入（万元）	10000
约定佣金金额（万元）——按销售收入的10%	1000
可税前扣除佣金金额（万元）——按销售收入的5%	500
实际可税前扣除比例	50%

2.广告/业务宣传服务

如图6-7所示，广告/业务宣传服务，即商家聘任平台/主播为其提供线上广告或业务宣传服务（相比于传统广告和业务宣传，我们可以将其理解为"线上直播广告"和"线上直播业务宣传"），根据广告投放或业务宣传后的销售成果，按销售额的一定比例向平台/主播支付广告费。对于商家而言，因广告/业务宣传服务所支出的费用，其经济实质即属于"广告费和业务宣传费"。

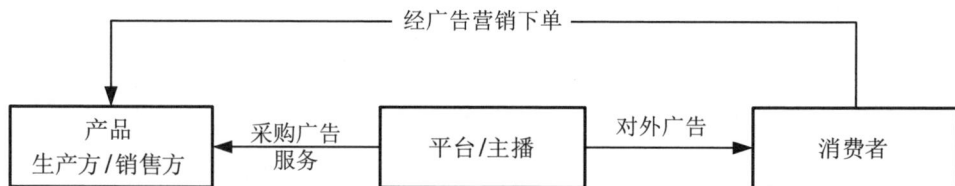

图6-7　广告/业务宣传服务的经济实质

上述模式下，依据企业所得税法，商家将适用广告费和业务宣传费支出的扣除限额规定。就直播带货通常所涉产品而言，目前企业所得税法分别规定了不同的扣除限额（15%或30%），如表6-14所示进行归纳。

表6-14　广告费和业务宣传费扣除限额归纳

税法条款	税法摘录
《中华人民共和国企业所得税法实施条例》	企业发生的符合条件的广告费和业务宣传费支出，除国务院财政、税务主管部门另有规定外，不超过当年销售（营业）收入15%的部分，准予扣除；超过部分，准予在以后纳税年度结转扣除
《关于广告费和业务宣传费支出税前扣除有关事项的公告》（财政部、国家税务总局公告2020年第43号）	对化妆品制造或销售、医药制造和饮料制造（不含酒类制造）企业发生的广告费和业务宣传费支出，不超过当年销售（营业）收入30%的部分，准予扣除；超过部分，准予在以后纳税年度结转扣除

相比于销售佣金模式，由于扣除比例更高（佣金：5%；广告费和业务宣传费：15%或30%），扣除基数亦有所扩大（佣金：依照佣金相关业务收入额；广告费和业务宣传费：依照公司整体销售收入额），该模式显然更有利于商家的企业所得税负管理。但需注意，由于"直播带货"的提成比例并无行业惯例，即使商家采购的"直播带货"服务属于广告费和业务宣传费，由于支付比例仍有可能高于企业所得税抵扣限额，商家仍有可能产生部分不能税前扣除的"直播带货"支出。

另需提示的是，鉴于广告费和业务宣传费的抵扣限额约束，目前亦有个别平台、主播工作室采用品牌策划、营销策划等名目为商家提供服务，可能带来一定的税务风险。首先，这些服务有可能与经济实质并不匹配，将带来"虚开发票"的风险；其次，即使该类服务确实存在，如果其具体服务成果和服务目的系为业务宣传，从窄口径理解，其仍然属于企业的业务宣传费支出。因此，与其在类似性质的服务上打"擦边球"，试图规避广告费和业务宣传费抵扣限额，商家不如另行思考其他更为合理的经营模式，从源头上实现合理合法的税务安排。

3.合伙经营

鉴于中介服务与广告/业务宣传服务的税收抵扣限额，对于深度绑定的平台/主播与商家，如果各方采用合伙经营方式，又会有何种效果呢？

以如图6-8所示的架构为例，由商家作为普通合伙人、平台/主播作为有限合伙人搭建有限合伙企业，由该有限合伙企业采购商品并对外销售（采购价格符合关联交易相关要求）。

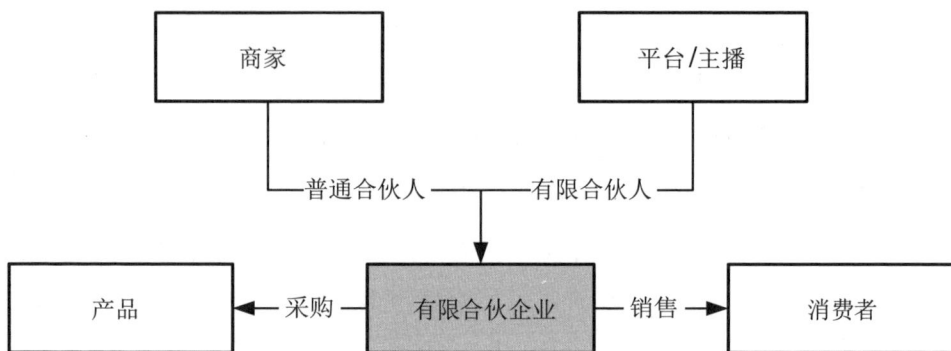

图6-8　有限合伙企业架构模式

在此经营模式下，各方税负和经营具有如下特点：

（1）商家通过该有限合伙企业所实现的不再是支出，而是根据合伙经营绩效对普通合伙人和有限合伙人所进行的利润分配。既然不再是支出，即不受"销售佣金""广告费和业务宣传费"的相关税前扣除限额限定。

（2）有限合伙企业的生产经营所得（可以简单理解为生产经营所产生的"利润"），由合伙人分别缴纳所得税。如合伙人是公司的，则其应缴纳企业所得税；如合伙人是自然人的，则其应缴纳个人所得税，其作为税收透明体，不会导致重复纳税。

（3）有限合伙企业未必需按出资比例分配利润，合伙协议可以另行约定利润分配和亏损分担方式。故虽然双方采用有限合伙企业方式合作，但并不意味着平台/主播需出具大量资金，方能享有相应比例的销售利润分成。

（4）有限合伙企业中，普通合伙人和有限合伙人的债务承担责任不尽相同。普通合伙人承担连带责任，有限合伙人以其出资额为限承担责任，有利于双方各自承担其在"直播带货"中实际应承担的产品质量责任。

（5）此外，有限合伙企业具有灵活的治理机制，亦可以用于对直播中的其他合规风险作出合理的规划和安排，具体请参见本书其他各章节。

有限合伙企业具有上述多项优势，是商家、平台与主播深度绑定情景下的选择之一。由于有限合伙企业涉及新业务实体搭建、供应链的调整、关联定价（或有）、企业运营内部管理等诸多细节，并且根据《电子商务法》，"电子商务经营者应当依法办理市场主体登记"。因此其需要更多专业支持方能有效实现，也有赖于各方对业务安全、税务合规的高度重视。

三、平台

直播行业中，平台是介于主播和商家之间的桥梁。故我们在剖析主播和商家的纳税义务和节税诉求后，阐述平台的纳税要点。

（一）增值税和小税种

平台通过向主播采购劳务或服务，再将其销售给商家盈利，故其经济实质仍属于增值税应税行为，需相应缴纳增值税和相关小税种。平台纳税的要点在于与商家的紧密配合。因为商家通常为增值税一般纳税人，故需平台向其开具增值税专用发票的居多，这决定了平台需有更规范的增值税管理机制。

（二）个人所得税（代扣代缴）

对于劳务报酬所得、工资、薪金所得等综合所得，现行税法下，平台向主播支付所得时，均负有代扣代缴个人所得税的义务。因此，税务不仅是"取得收入"一方的义务，在特定情形下，特别是与个人进行交易时，也是"发生成本"一方的责任。

因此，如果主播为平台提供了个人劳务，平台需注意按预扣政策为主播预扣个人所得税，这将导致主播需面临较高的预扣税率，影响主播劳动积极性。而如果支付对象为主播所设立的工作室，平台仍需格外注意支付所得的性质（如支付予对方的系其经营所得，不涉及代扣代缴；如支付予对方的系其劳务报酬所得，平台即涉及代扣代缴义务的履行）。在2018年某知名演员涉税问题中，其担任法定代表人的企业即因未代扣代缴个人所得税和非法提供便利协助少缴税款，最后被合计处以1.16亿元的罚款。

（三）企业所得税

与设立公司作为经营实体的主播类似，采用公司作为经营实体的平台也会面临企业所得税问题，平台可以酌情采用适当方式予以筹划，具体详见本书"直播行业税务筹划的正确方式"。

四、小结

总体来看，"直播带货"是一个经济实质多元化、弹性化的产业链，商家、平台、主播各司其职，又可以基于合作模式，承担不同的纳税义务。能够兼顾各方合法税收利益的业务模式，方能保障行业的有序发展和良性循环，这有赖于产业链上下游各方的互相理解和提前规划。

第四节　直播行业税务筹划的正确方式

税收是一个复杂而又严密的体系，相似的经营形式、不同的经营主体对应着不同的经济实质，不同的经济实质又决定了税基和税率的显著差别。面对诸多可能路径，主播、平台和商家应该如何选择，方能实现对自身最有利的税务安排，笔者的建议如下。

一、避免核定征收就能"合理避税"的误区

设立个人独资企业或合伙企业，适用经营所得核定征收政策，是目前业内最为普遍的税务安排。核定征收因其实际税负率低、操作简捷、企业可选注册地范围大深受轻资本行业的认可。

但如前所述，工作室（无论其是个人独资企业、合伙企业还是个体工商户）不意味着税务优惠。工作室只是一种业务形式，而非业务实质。盲目采用工作室核定征收降低税负，其实蕴含着巨大的税务风险。在近年，已经有一个群体因为此误区，补缴税款高达117亿元——即和"直播带货"有相似特点的影视行业。在2018年影视行业巨额补税中，有很大一部分即来自个人影视工作室的税款补缴。

为何已适用核定征收政策，似乎已经依法纳税的收入还需补缴税款呢？关键仍然在于业务实质。核定征收系针对"经营所得"所设定的征收方式；但并非通过工作室获得的所得，均无条件属于"经营所得"。《个人所得税法实施条例》明确指出，经营所得是指个体工商户"从事生产、经营活动取得的所得"，个人独资企业投资人、合伙企业的个人合伙人来源于境内注册的个人独资企业、合伙企业"生产、经营的所得"。因此，如果个人通过个体工商户、工作室或合伙企业取得的所得，但这种所得并非"生产、经营"的性质，是不能适用经营所得的税收政策的。

由于主播和影星的经济实质具有较强的个人属性，究竟是个人提供表演、广告、咨询、经纪等劳务，还是企业在经营表演、广告、咨询、经纪等业务，是能否适用工作室核定征收的重要分水岭。前者属于劳务报酬所得，但通过工作室包裹了经营所得的"形式外衣"，依照实质重于形式的原则如被击穿、还原为劳务报酬所得，从而适用较高税率，主播即会产生补税义务；后者属于经营所得，适用核定征收方具有基础（仅是基础，不代表当然适用）。

"前事不忘，后事之师。"曾经的影视行业巨额补税中，"利用工作室账户隐匿个人报酬的真实性质""明星工作室等混淆企业和个人应税收入"，是补税的重要原因之一。采取同样模式来"筹划"个人所得税的直播行业，未来是否也会面临同样的补税风险，值得每一个直播从业人员重视。

二、合理设定经济实质与业务架构

（一）个人所得税（经营所得）

直播行业的税务筹划主要体现在高利润率下的所得税筹划。就个人所得税而言，合理设定经济实质，是能否实现合法节税的第一要务。如上所述，经营所得和劳务报酬有着形似神不似的特点，只有让个人独资企业和合伙企业切实存在经营，方有机会探讨核定征收的可行性。就这个层面而言，企业具体经营什么业务、如何经营、签署了何种协议、协议具体内容为何、有无团队、有无雇员、有无为员工缴纳社保、企业内部具体如何分工、是否具备企业管理所需的基本机制、有无成本开支以支持和证明其"经营行为"，企业经营的方方面面是否"具体"而非"虚拟"，将成为判定企业经济实质的重要依据。如果主播仅系单个个人，要说明其系经营直播服务，恐怕是很难有说服力的。

同时，主播在与平台、商家订立协议时，也需要注意协议所适用的法律关系。这需要各方将本书中所涉及的各个合规风险做统筹安排。例如，如果某主播采用了劳务合同与平台签约，或与平台签订的合同中所约定的服务内容具有明显的"个人劳务"属性，未来再试图适用经营所得税目，就会非常困难；如果某主播工作室和商家签订了合作协议，而合作内容又表明了主播以个人身份独立提供某项服务，未来欲论证该等服务属于主播工作室的生产经营，也是非常困难的。

随着直播行业的快速发展，这些合规问题积少成多、互相勾稽，终将成为巨大挑战，唯有未雨绸缪、提早规划，方得始终。合伙会是一个可能的解决方案。首先，根据《民法典》，合伙合同是两个以上合伙人为了共同的事业目的订立的共享利益、共担风险的协议，既然属于共同事业，自然具有了共同经营的基础，这将使得合伙各位都能享有经营实质。其次，合伙企业经过合理设计，可以避免其他经营形式面临的潜在合规风险，从而一举两得，实现直播行业合规管理的统筹规划效果。最后，合伙企业可以采用更加灵活的治理机制，有利于主播、平台、商家各方的长期、稳定合作。

（二）企业所得税

直播行业中的公司制市场主体，则要更加关注其业务架构，通过适用更低的税负率实现合法节税。这里有几个方法可以考虑。

1.适用小微企业优惠税率。根据现行税法规定，同时符合下列条件的公司为小微企业：

（1）年度应纳税所得额不超过300万元；

（2）从业人数不超过300人；

（3）资产总额不超过5000万元。

如系小微企业，其年纳税所得额不超过100万元的部分，适用5%的等效税率；年纳税所得额在100万元至300万元的部分，适用10%的等效税率，相当于年企业所得税负在5%—8.33%之间，相比传统的25%有较大优惠。该项方法的适用前提是合理设定业务架构，从而使公司适用小微企业税务优惠。

2.适用西部大开发或海南自贸港优惠税率。如公司注册于西部大开发所涉省份或海南，其行业符合有关税务优惠目录且公司实际管理机构和管理控制均在注册地，可以适用15%的企业所得税优惠税率，也是一种合法降低税负率的方式。

3.除此之外，基于国家对农、林、牧、渔行业的税收优惠政策，农产品企业"直播带货"与其他销售途径无异，可以享受企业所得税免征或减半征收的优惠，是该等行业可以考虑的一种节税方式。

三、建立与大数据时代相匹配的合规意识

传统"以票控税"的理念对应着"不开票即不报税""以票避税"的逃税理念。虽然目前实践中仍有个别企业通过此种方式逃避税款缴纳义务，但对于直播行业，更不能存侥幸心理。

因为"直播带货"是互联网经济，具有高曝光率、高度数据化的特点。未开票就不报税这种错误认知之所以长期存在，其生存土壤在于信息不对称，即税务机关无法全面掌握企业经营数据，因此其识别企业纳税风险存在一定的时滞。而"直播带货"的经营数据几乎是完全透明并且公开可得的：订单量、产品销售额在平台上实时更新；销售流水通过微信、支付宝等渠道即可获取；佣金比例无论是行业惯例还是实地检查甚至新闻报道都可获悉，甚至有些"顶流"、明星的每次直播成果，媒体都会直接报道，更降低了税务管理的工作量和识别难度。这些经营数据已经足够一位财务专家大体匡算出平台和主播的销售收入，更遑论具有金税工程和大数

据技术支持的国家税务总局。

此外，随着金税系统的日趋完善，我们在不久的将来会迎来"金税四期"，凭借金税系统的强大征管功能，每年大量虚开发票案件被调查识破，依托虚开发票等做法解决税务需求无异于飞蛾扑火。市场主体也万不能有"存在即合理"的侥幸心理，认为没发生问题的方式就是正确的方式。毕竟税务稽查存在一定的时滞性，能够历久弥坚、经得起检查、经得起考验的方法，方能称为税务筹划。

四、结束语

唯有死亡和税收不可避免，也唯有高度的税务合规意识和准确的税务合规方法，方能守好税务合规的大门，为每一个直播行业从业人员构建起安全、可靠、真实的财富！

直播行业常用的法律法规

中华人民共和国消费者权益保护法

（1993年10月31日第八届全国人民代表大会常务委员会第四次会议通过；根据2009年8月27日第十一届全国人民代表大会常务委员会第十次会议《关于修改部分法律的决定》第一次修正；根据2013年10月25日第十二届全国人民代表大会常务委员会第五次会议《关于修改〈中华人民共和国消费者权益保护法〉的决定》第二次修正）

第一章　总　则

第一条　为保护消费者的合法权益，维护社会经济秩序，促进社会主义市场经济健康发展，制定本法。

第二条　消费者为生活消费需要购买、使用商品或者接受服务，其权益受本法保护；本法未作规定的，受其他有关法律、法规保护。

第三条　经营者为消费者提供其生产、销售的商品或者提供服务，应当遵守本法；本法未作规定的，应当遵守其他有关法律、法规。

第四条　经营者与消费者进行交易，应当遵循自愿、平等、公平、诚实信用的原则。

第五条　国家保护消费者的合法权益不受侵害。

国家采取措施，保障消费者依法行使权利，维护消费者的合法权益。

国家倡导文明、健康、节约资源和保护环境的消费方式，反对浪费。

第六条　保护消费者的合法权益是全社会的共同责任。

国家鼓励、支持一切组织和个人对损害消费者合法权益的行为进行社会监督。

大众传播媒介应当做好维护消费者合法权益的宣传，对损害消费者合法权益的行为进行舆论监督。

第二章　消费者的权利

第七条　消费者在购买、使用商品和接受服务时享有人身、财产安全不受损害的权利。

消费者有权要求经营者提供的商品和服务，符合保障人身、财产安全的要求。

第八条　消费者享有知悉其购买、使用的商品或者接受的服务的真实情况的权利。

消费者有权根据商品或者服务的不同情况，要求经营者提供商品的价格、产地、生产者、用途、性能、规格、等级、主要成份、生产日期、有效期限、检验合格证明、使用方法说明书、售后服务，或者服务的内容、规格、费用等有关情况。

第九条　消费者享有自主选择商品或者服务的权利。

消费者有权自主选择提供商品或者服务的经营者，自主选择商品品种或者服务方式，自主决定购买或者不购买任何一种商品、接受或者不接受任何一项服务。

消费者在自主选择商品或者服务时，有权进行比较、鉴别和挑选。

第十条　消费者享有公平交易的权利。

消费者在购买商品或者接受服务时，有权获得质量保障、价格合理、计量正确等公平交易条件，有权拒绝经营者的强制交易行为。

第十一条　消费者因购买、使用商品或者接受服务受到人身、财产损害的，享有依法获得赔偿的权利。

第十二条　消费者享有依法成立维护自身合法权益的社会组织的权利。

第十三条　消费者享有获得有关消费和消费者权益保护方面的知识的权利。

消费者应当努力掌握所需商品或者服务的知识和使用技能，正确使用商品，提高自我保护意识。

第十四条　消费者在购买、使用商品和接受服务时，享有人格尊严、民族风俗习惯得到尊重的权利，享有个人信息依法得到保护的权利。

第十五条　消费者享有对商品和服务以及保护消费者权益工作进行监督的权利。

消费者有权检举、控告侵害消费者权益的行为和国家机关及其工作人员在保护消费者权益工作中的违法失职行为，有权对保护消费者权益工作提出批评、建议。

第三章　经营者的义务

第十六条　经营者向消费者提供商品或者服务，应当依照本法和其他有关法律、法规的规定履行义务。

经营者和消费者有约定的，应当按照约定履行义务，但双方的约定不得违背法律、法规的规定。

经营者向消费者提供商品或者服务，应当恪守社会公德，诚信经营，保障消费者的合法权益；不得设定不公平、不合理的交易条件，不得强制交易。

第十七条　经营者应当听取消费者对其提供的商品或者服务的意见，接受消费者的监督。

第十八条 经营者应当保证其提供的商品或者服务符合保障人身、财产安全的要求。对可能危及人身、财产安全的商品和服务，应当向消费者作出真实的说明和明确的警示，并说明和标明正确使用商品或者接受服务的方法以及防止危害发生的方法。

宾馆、商场、餐馆、银行、机场、车站、港口、影剧院等经营场所的经营者，应当对消费者尽到安全保障义务。

第十九条 经营者发现其提供的商品或者服务存在缺陷，有危及人身、财产安全危险的，应当立即向有关行政部门报告和告知消费者，并采取停止销售、警示、召回、无害化处理、销毁、停止生产或者服务等措施。采取召回措施的，经营者应当承担消费者因商品被召回支出的必要费用。

第二十条 经营者向消费者提供有关商品或者服务的质量、性能、用途、有效期限等信息，应当真实、全面，不得做虚假或者引人误解的宣传。

经营者对消费者就其提供的商品或者服务的质量和使用方法等问题提出的询问，应当作出真实、明确的答复。

经营者提供商品或者服务应当明码标价。

第二十一条 经营者应当标明其真实名称和标记。

租赁他人柜台或者场地的经营者，应当标明其真实名称和标记。

第二十二条 经营者提供商品或者服务，应当按照国家有关规定或者商业惯例向消费者出具发票等购货凭证或者服务单据；消费者索要发票等购货凭证或者服务单据的，经营者必须出具。

第二十三条 经营者应当保证在正常使用商品或者接受服务的情况下其提供的商品或者服务应当具有的质量、性能、用途和有效期限；但消费者在购买该商品或者接受该服务前已经知道其存在瑕疵，且存在该瑕疵不违反法律强制性规定的除外。

经营者以广告、产品说明、实物样品或者其他方式表明商品或者服务的质量状况的，应当保证其提供的商品或者服务的实际质量与表明的质量状况相符。

经营者提供的机动车、计算机、电视机、电冰箱、空调器、洗衣机等耐用商品或者装饰装修等服务，消费者自接受商品或者服务之日起六个月内发现瑕疵，发生争议的，由经营者承担有关瑕疵的举证责任。

第二十四条 经营者提供的商品或者服务不符合质量要求的，消费者可以依照国家规定、当事人约定退货，或者要求经营者履行更换、修理等义务。没有国家规定和当事人约定的，消费者可以自收到商品之日起七日内退货；七日后符合法定解除合同条件的，消费者可以及时退货，不符合法定解除合同条件的，可以要求经营者履行更换、修理等义务。

依照前款规定进行退货、更换、修理的，经营者应当承担运输等必要费用。

第二十五条 经营者采用网络、电视、电话、邮购等方式销售商品，消费者有权自收到商品之日起七日内退货，且无需说明理由，但下列商品除外：

（一）消费者定作的；

（二）鲜活易腐的；

（三）在线下载或者消费者拆封的音像制品、计算机软件等数字化商品；

（四）交付的报纸、期刊。

除前款所列商品外，其他根据商品性质并经消费者在购买时确认不宜退货的商品，不适用无理由退货。

消费者退货的商品应当完好。经营者应当自收到退回商品之日起七日内返还消费者支付的商品价款。退回商品的运费由消费者承担；经营者和消费者另有约定的，按照约定。

第二十六条　经营者在经营活动中使用格式条款的，应当以显著方式提请消费者注意商品或者服务的数量和质量、价款或者费用、履行期限和方式、安全注意事项和风险警示、售后服务、民事责任等与消费者有重大利害关系的内容，并按照消费者的要求予以说明。

经营者不得以格式条款、通知、声明、店堂告示等方式，作出排除或者限制消费者权利、减轻或者免除经营者责任、加重消费者责任等对消费者不公平、不合理的规定，不得利用格式条款并借助技术手段强制交易。

格式条款、通知、声明、店堂告示等含有前款所列内容的，其内容无效。

第二十七条　经营者不得对消费者进行侮辱、诽谤，不得搜查消费者的身体及其携带的物品，不得侵犯消费者的人身自由。

第二十八条　采用网络、电视、电话、邮购等方式提供商品或者服务的经营者，以及提供证券、保险、银行等金融服务的经营者，应当向消费者提供经营地址、联系方式、商品或者服务的数量和质量、价款或者费用、履行期限和方式、安全注意事项和风险警示、售后服务、民事责任等信息。

第二十九条　经营者收集、使用消费者个人信息，应当遵循合法、正当、必要的原则，明示收集、使用信息的目的、方式和范围，并经消费者同意。经营者收集、使用消费者个人信息，应当公开其收集、使用规则，不得违反法律、法规的规定和双方的约定收集、使用信息。

经营者及其工作人员对收集的消费者个人信息必须严格保密，不得泄露、出售或者非法向他人提供。经营者应当采取技术措施和其他必要措施，确保信息安全，防止消费者个人信息泄露、丢失。在发生或者可能发生信息泄露、丢失的情况时，应当立即采取补救措施。

经营者未经消费者同意或者请求，或者消费者明确表示拒绝的，不得向其发送商业性信息。

第四章　国家对消费者合法权益的保护

第三十条　国家制定有关消费者权益的法律、法规、规章和强制性标准，应当听取消费者和消费者协会等组织的意见。

第三十一条　各级人民政府应当加强领导，组织、协调、督促有关行政部门做好保护消费者合法权益的工作，落实保护消费者合法权益的职责。

各级人民政府应当加强监督，预防危害消费者人身、财产安全行为的发生，及时制止危害消费者人身、财产安全的行为。

第三十二条　各级人民政府工商行政管理部门和其他有关行政部门应当依照法律、法规的规定，在各自的职责范围内，采取措施，保护消费者的合法权益。

有关行政部门应当听取消费者和消费者协会等组织对经营者交易行为、商品和服务质量问题的意见，及时调查处理。

第三十三条　有关行政部门在各自的职责范围内，应当定期或者不定期对经营者提供的商品和服务进行抽查检验，并及时向社会公布抽查检验结果。

有关行政部门发现并认定经营者提供的商品或者服务存在缺陷，有危及人身、财产安全危险的，应当立即责令经营者采取停止销售、警示、召回、无害化处理、销毁、停止生产或者服务等措施。

第三十四条　有关国家机关应当依照法律、法规的规定，惩处经营者在提供商品和服务中侵害消费者合法权益的违法犯罪行为。

第三十五条　人民法院应当采取措施，方便消费者提起诉讼。对符合《中华人民共和国民事诉讼法》起诉条件的消费者权益争议，必须受理，及时审理。

第五章　消费者组织

第三十六条　消费者协会和其他消费者组织是依法成立的对商品和服务进行社会监督的保护消费者合法权益的社会组织。

第三十七条　消费者协会履行下列公益性职责：

（一）向消费者提供消费信息和咨询服务，提高消费者维护自身合法权益的能力，引导文明、健康、节约资源和保护环境的消费方式；

（二）参与制定有关消费者权益的法律、法规、规章和强制性标准；

（三）参与有关行政部门对商品和服务的监督、检查；

（四）就有关消费者合法权益的问题，向有关部门反映、查询，提出建议；

（五）受理消费者的投诉，并对投诉事项进行调查、调解；

（六）投诉事项涉及商品和服务质量问题的，可以委托具备资格的鉴定人鉴定，鉴定人应当告知鉴定意见；

（七）就损害消费者合法权益的行为，支持受损害的消费者提起诉讼或者依照本法提起诉讼；

（八）对损害消费者合法权益的行为，通过大众传播媒介予以揭露、批评。

各级人民政府对消费者协会履行职责应当予以必要的经费等支持。

消费者协会应当认真履行保护消费者合法权益的职责，听取消费者的意见和建议，接受社会监督。

依法成立的其他消费者组织依照法律、法规及其章程的规定，开展保护消费者合法权益的活动。

第三十八条　消费者组织不得从事商品经营和营利性服务，不得以收取费用或者其他牟取利益的方式向消费者推荐商品和服务。

第六章　争议的解决

第三十九条　消费者和经营者发生消费者权益争议的，可以通过下列途径解决：

（一）与经营者协商和解；

（二）请求消费者协会或者依法成立的其他调解组织调解；

（三）向有关行政部门投诉；

（四）根据与经营者达成的仲裁协议提请仲裁机构仲裁；

（五）向人民法院提起诉讼。

第四十条　消费者在购买、使用商品时，其合法权益受到损害的，可以向销售者要求赔偿。销售者赔偿后，属于生产者的责任或者属于向销售者提供商品的其他销售者的责任的，销售者有权向生产者或者其他销售者追偿。

消费者或者其他受害人因商品缺陷造成人身、财产损害的，可以向销售者要求赔偿，也可以向生产者要求赔偿。属于生产者责任的，销售者赔偿后，有权向生产者追偿。属于销售者责任的，生产者赔偿后，有权向销售者追偿。

消费者在接受服务时，其合法权益受到损害的，可以向服务者要求赔偿。

第四十一条 消费者在购买、使用商品或者接受服务时，其合法权益受到损害，因原企业分立、合并的，可以向变更后承受其权利义务的企业要求赔偿。

第四十二条 使用他人营业执照的违法经营者提供商品或者服务，损害消费者合法权益的，消费者可以向其要求赔偿，也可以向营业执照的持有人要求赔偿。

第四十三条 消费者在展销会、租赁柜台购买商品或者接受服务，其合法权益受到损害的，可以向销售者或者服务者要求赔偿。展销会结束或者柜台租赁期满后，也可以向展销会的举办者、柜台的出租者要求赔偿。展销会的举办者、柜台的出租者赔偿后，有权向销售者或者服务者追偿。

第四十四条 消费者通过网络交易平台购买商品或者接受服务，其合法权益受到损害的，可以向销售者或者服务者要求赔偿。网络交易平台提供者不能提供销售者或者服务者的真实名称、地址和有效联系方式的，消费者也可以向网络交易平台提供者要求赔偿；网络交易平台提供者作出更有利于消费者的承诺的，应当履行承诺。网络交易平台提供者赔偿后，有权向销售者或者服务者追偿。

网络交易平台提供者明知或者应知销售者或者服务者利用其平台侵害消费者合法权益，未采取必要措施的，依法与该销售者或者服务者承担连带责任。

第四十五条 消费者因经营者利用虚假广告或者其他虚假宣传方式提供商品或者服务，其合法权益受到损害的，可以向经营者要求赔偿。广告经营者、发布者发布虚假广告的，消费者可以请求行政主管部门予以惩处。广告经营者、发布者不能提供经营者的真实名称、地址和有效联系方式的，应当承担赔偿责任。

广告经营者、发布者设计、制作、发布关系消费者生命健康商品或者服务的虚假广告，造成消费者损害的，应当与提供该商品或者服务的经营者承担连带责任。

社会团体或者其他组织、个人在关系消费者生命健康商品或者服务的虚假广告或者其他虚假宣传中向消费者推荐商品或者服务，造成消费者损害的，应当与提供该商品或者服务的经营者承担连带责任。

第四十六条　消费者向有关行政部门投诉的，该部门应当自收到投诉之日起七个工作日内，予以处理并告知消费者。

第四十七条　对侵害众多消费者合法权益的行为，中国消费者协会以及在省、自治区、直辖市设立的消费者协会，可以向人民法院提起诉讼。

第七章　法律责任

第四十八条　经营者提供商品或者服务有下列情形之一的，除本法另有规定外，应当依照其他有关法律、法规的规定，承担民事责任：

（一）商品或者服务存在缺陷的；

（二）不具备商品应当具备的使用性能而出售时未作说明的；

（三）不符合在商品或者其包装上注明采用的商品标准的；

（四）不符合商品说明、实物样品等方式表明的质量状况的；

（五）生产国家明令淘汰的商品或者销售失效、变质的商品的；

（六）销售的商品数量不足的；

（七）服务的内容和费用违反约定的；

（八）对消费者提出的修理、重作、更换、退货、补足商品数量、退还货款和服务费用或者赔偿损失的要求，故意拖延或者无理拒绝的；

（九）法律、法规规定的其他损害消费者权益的情形。

经营者对消费者未尽到安全保障义务，造成消费者损害的，应当承担侵权责任。

第四十九条　经营者提供商品或者服务，造成消费者或者其他受害人人身伤害的，应当赔偿医疗费、护理费、交通费等为治疗和康复支出的合理费用，以及因误工减少的收入。造成残疾的，还应当赔偿残疾生活辅助具费和残疾赔偿金。造成死亡的，还应当赔偿丧葬费和死亡赔偿金。

第五十条　经营者侵害消费者的人格尊严、侵犯消费者人身自由或者侵害消费者个人信息依法得到保护的权利的，应当停止侵害、恢复名誉、消除影响、赔礼道歉，并赔偿损失。

第五十一条　经营者有侮辱诽谤、搜查身体、侵犯人身自由等侵害消费者或者其他受害人人身权益的行为，造成严重精神损害的，受害人可以要求精神损害赔偿。

第五十二条　经营者提供商品或者服务，造成消费者财产损害的，应当依照法律规定或者当事人约定承担修理、重作、更换、退货、补足商品数量、退还货款和服务费用或者赔偿损失等民事责任。

第五十三条　经营者以预收款方式提供商品或者服务的，应当按照约定提供。未按照约定提供的，应当按照消费者的要求履行约定或者退回预付款；并应当承担预付款的利息、消费者必须支付的合理费用。

第五十四条　依法经有关行政部门认定为不合格的商品，消费者要求退货的，经营者应当负责退货。

第五十五条　经营者提供商品或者服务有欺诈行为的，应当按照消费者的要求增加赔偿其受到的损失，增加赔偿的金额为消费者购买商品的价款或者接受服务的费用的三倍；增加赔偿的金额不足五百元的，为五百元。法律另有规定的，依照其规定。

经营者明知商品或者服务存在缺陷，仍然向消费者提供，造成消费者或者其他受害人死亡或者健康严重损害的，受害人有权要求经营者依照本法第四十九条、第五十一条等法律规定赔偿损失，并有权要求所受损失二倍以下的惩罚性赔偿。

第五十六条　经营者有下列情形之一，除承担相应的民事责任外，其他有关法律、法规对处罚机关和处罚方式有规定的，依照法律、法规的规定执行；法律、法规未作规定的，由工商行政管理部门或者其他有关行政部门责令改正，可以根据情节单处或者并处警告、没收违法所得、处以违法所得一倍以上十倍以下的罚款，没有违法所得的，处以五十万元以下的罚款；情节严重的，责令停业整顿、吊销营业执照：

（一）提供的商品或者服务不符合保障人身、财产安全要求的；

（二）在商品中掺杂、掺假，以假充真，以次充好，或者以不合格商品冒充合格商品的；

（三）生产国家明令淘汰的商品或者销售失效、变质的商品的；

（四）伪造商品的产地，伪造或者冒用他人的厂名、厂址，篡改生产日期，伪造或者冒用认证标志等质量标志的；

（五）销售的商品应当检验、检疫而未检验、检疫或者伪造检验、检疫结果的；

（六）对商品或者服务作虚假或者引人误解的宣传的；

（七）拒绝或者拖延有关行政部门责令对缺陷商品或者服务采取停止销售、警示、召回、无害化处理、销毁、停止生产或者服务等措施的；

（八）对消费者提出的修理、重作、更换、退货、补足商品数量、退还货款和服务费用或者赔偿损失的要求，故意拖延或者无理拒绝的；

（九）侵害消费者人格尊严、侵犯消费者人身自由或者侵害消费者个人信息依法得到保护的权利的；

（十）法律、法规规定的对损害消费者权益应当予以处罚的其他情形。

经营者有前款规定情形的，除依照法律、法规规定予以处罚外，处罚机关应当记入信用档案，向社会公布。

第五十七条　经营者违反本法规定提供商品或者服务，侵害消费者合法权益，构成犯罪的，依法追究刑事责任。

第五十八条　经营者违反本法规定，应当承担民事赔偿责任和缴纳罚款、罚金，其财产不足以同时支付的，先承担民事赔偿责任。

第五十九条　经营者对行政处罚决定不服的，可以依法申请行政复议或者提起行政诉讼。

第六十条　以暴力、威胁等方法阻碍有关行政部门工作人员依法执行职务的，依法追究刑事责任；拒绝、阻碍有关行政部门工作人员依法执行职务，未使用暴力、威胁方法的，由公安机关依照《中华人民共和国治安管理处罚法》的规定处罚。

第六十一条　国家机关工作人员玩忽职守或者包庇经营者侵害消费者合法权益的行为的，由其所在单位或者上级机关给予行政处分；情节严重，构成犯罪的，依法追究刑事责任。

第八章　附　　则

第六十二条　农民购买、使用直接用于农业生产的生产资料，参照本法执行。

第六十三条　本法自1994年1月1日起施行。

中华人民共和国广告法

（1994年10月27日第八届全国人民代表大会常务委员会第十次会议通过；2015年4月24日第十二届全国人民代表大会常务委员会第十四次会议修订；根据2018年10月26日第十三届全国人民代表大会常务委员会第六次会议《关于修改〈中华人民共和国野生动物保护法〉等十五部法律的决定》第一次修正；根据2021年4月29日《全国人民代表大会常务委员会关于修改〈中华人民共和国道路交通安全法〉等八部法律的决定》第二次修正）

第一章　总　则

第一条　为了规范广告活动，保护消费者的合法权益，促进广告业的健康发展，维护社会经济秩序，制定本法。

第二条　在中华人民共和国境内，商品经营者或者服务提供者通过一定媒介和形式直接或者间接地介绍自己所推销的商品或者服务的商业广告活动，适用本法。

本法所称广告主，是指为推销商品或者服务，自行或者委托他人设计、制作、发布广告的自然人、法人或者其他组织。

本法所称广告经营者，是指接受委托提供广告设计、制作、代理服务的自然人、法人或者其他组织。

本法所称广告发布者，是指为广告主或者广告主委托的广告经营者发布广告的自然人、法人或者其他组织。

本法所称广告代言人，是指广告主以外的，在广告中以自己的名义或者形象对商品、服务作推荐、证明的自然人、法人或者其他组织。

第三条　广告应当真实、合法，以健康的表现形式表达广告内容，符合社会主义精神文明建设和弘扬中华民族优秀传统文化的要求。

第四条　广告不得含有虚假或者引人误解的内容，不得欺骗、误导消费者。

广告主应当对广告内容的真实性负责。

第五条　广告主、广告经营者、广告发布者从事广告活动，应当遵守法律、法规，诚实信用，公平竞争。

第六条　国务院市场监督管理部门主管全国的广告监督管理工作，国务院有关部门在各自的职责范围内负责广告管理相关工作。

县级以上地方市场监督管理部门主管本行政区域的广告监督管理工作，县级以上地方人民政府有关部门在各自的职责范围内负责广告管理相关工作。

第七条　广告行业组织依照法律、法规和章程的规定，制定行业规范，加强行业自律，促进行业发展，引导会员依法从事广告活动，推动广告行业诚信建设。

第二章　广告内容准则

第八条　广告中对商品的性能、功能、产地、用途、质量、成分、价格、生产者、有效期限、允诺等或者对服务的内容、提供者、形式、质量、价格、允诺等有表示的，应当准确、清楚、明白。

广告中表明推销的商品或者服务附带赠送的，应当明示所附带赠送商品或者服务的品种、规格、数量、期限和方式。

法律、行政法规规定广告中应当明示的内容，应当显著、清晰表示。

第九条　广告不得有下列情形：

（一）使用或者变相使用中华人民共和国的国旗、国歌、国徽，军旗、军歌、军徽；

（二）使用或者变相使用国家机关、国家机关工作人员的名义或者形象；

（三）使用"国家级""最高级""最佳"等用语；

（四）损害国家的尊严或者利益，泄露国家秘密；

（五）妨碍社会安定，损害社会公共利益；

（六）危害人身、财产安全，泄露个人隐私；

（七）妨碍社会公共秩序或者违背社会良好风尚；

（八）含有淫秽、色情、赌博、迷信、恐怖、暴力的内容；

（九）含有民族、种族、宗教、性别歧视的内容；

（十）妨碍环境、自然资源或者文化遗产保护；

（十一）法律、行政法规规定禁止的其他情形。

第十条　广告不得损害未成年人和残疾人的身心健康。

第十一条　广告内容涉及的事项需要取得行政许可的，应当与许可的内容相符合。

广告使用数据、统计资料、调查结果、文摘、引用语等引证内容的，应当真实、准确，并表明出处。引证内容有适用范围和有效期限的，应当明确表示。

第十二条　广告中涉及专利产品或者专利方法的，应当标明专利号和专利种类。

未取得专利权的，不得在广告中谎称取得专利权。

禁止使用未授予专利权的专利申请和已经终止、撤销、无效的专利作广告。

第十三条 广告不得贬低其他生产经营者的商品或者服务。

第十四条 广告应当具有可识别性，能够使消费者辨明其为广告。

大众传播媒介不得以新闻报道形式变相发布广告。通过大众传播媒介发布的广告应当显著标明"广告"，与其他非广告信息相区别，不得使消费者产生误解。

广播电台、电视台发布广告，应当遵守国务院有关部门关于时长、方式的规定，并应当对广告时长作出明显提示。

第十五条 麻醉药品、精神药品、医疗用毒性药品、放射性药品等特殊药品，药品类易制毒化学品，以及戒毒治疗的药品、医疗器械和治疗方法，不得作广告。

前款规定以外的处方药，只能在国务院卫生行政部门和国务院药品监督管理部门共同指定的医学、药学专业刊物上作广告。

第十六条 医疗、药品、医疗器械广告不得含有下列内容：

（一）表示功效、安全性的断言或者保证；

（二）说明治愈率或者有效率；

（三）与其他药品、医疗器械的功效和安全性或者其他医疗机构比较；

（四）利用广告代言人作推荐、证明；

（五）法律、行政法规规定禁止的其他内容。

药品广告的内容不得与国务院药品监督管理部门批准的说明书不一致，并应当显著标明禁忌、不良反应。处方药广告应当显著标明"本广告仅供医学药学专业人士阅读"，非处方药广告应当显著标明"请按药品说明书或者在药师指导下购买和使用"。

推荐给个人自用的医疗器械的广告，应当显著标明"请仔细阅读产品说明书或者在医务人员的指导下购买和使用"。医疗器械产品注册证明文件中有禁忌内容、注意事项的，广告中应当显著标明"禁忌内容或者注意事项详见说明书"。

第十七条　除医疗、药品、医疗器械广告外，禁止其他任何广告涉及疾病治疗功能，并不得使用医疗用语或者易使推销的商品与药品、医疗器械相混淆的用语。

第十八条　保健食品广告不得含有下列内容：

（一）表示功效、安全性的断言或者保证；

（二）涉及疾病预防、治疗功能；

（三）声称或者暗示广告商品为保障健康所必需；

（四）与药品、其他保健食品进行比较；

（五）利用广告代言人作推荐、证明；

（六）法律、行政法规规定禁止的其他内容。

保健食品广告应当显著标明"本品不能代替药物"。

第十九条　广播电台、电视台、报刊音像出版单位、互联网信息服务提供者不得以介绍健康、养生知识等形式变相发布医疗、药品、医疗器械、保健食品广告。

第二十条　禁止在大众传播媒介或者公共场所发布声称全部或者部分替代母乳的婴儿乳制品、饮料和其他食品广告。

第二十一条　农药、兽药、饲料和饲料添加剂广告不得含有下列内容：

（一）表示功效、安全性的断言或者保证；

（二）利用科研单位、学术机构、技术推广机构、行业协会或者专业人士、用户的名义或者形象作推荐、证明；

（三）说明有效率；

（四）违反安全使用规程的文字、语言或者画面；

（五）法律、行政法规规定禁止的其他内容。

第二十二条　禁止在大众传播媒介或者公共场所、公共交通工具、户外发布烟草广告。禁止向未成年人发送任何形式的烟草广告。

禁止利用其他商品或者服务的广告、公益广告，宣传烟草制品名称、商标、包装、装潢以及类似内容。

烟草制品生产者或者销售者发布的迁址、更名、招聘等启事中，不得含有烟草制品名称、商标、包装、装潢以及类似内容。

第二十三条　酒类广告不得含有下列内容：

（一）诱导、怂恿饮酒或者宣传无节制饮酒；

（二）出现饮酒的动作；

（三）表现驾驶车、船、飞机等活动；

（四）明示或者暗示饮酒有消除紧张和焦虑、增加体力等功效。

第二十四条　教育、培训广告不得含有下列内容：

（一）对升学、通过考试、获得学位学历或者合格证书，或者对教育、培训的效果作出明示或者暗示的保证性承诺；

（二）明示或者暗示有相关考试机构或者其工作人员、考试命题人员参与教育、培训；

（三）利用科研单位、学术机构、教育机构、行业协会、专业人士、受益者的名义或者形象作推荐、证明。

第二十五条　招商等有投资回报预期的商品或者服务广告，应当对可能存在的风险以及风险责任承担有合理提示或者警示，并不得含有下列内容：

（一）对未来效果、收益或者与其相关的情况作出保证性承诺，明示或者暗示保本、无风险或者保收益等，国家另有规定的除外；

（二）利用学术机构、行业协会、专业人士、受益者的名义或者形象作推荐、证明。

第二十六条　房地产广告，房源信息应当真实，面积应当表明为建筑面积或者套内建筑面积，并不得含有下列内容：

（一）升值或者投资回报的承诺；

（二）以项目到达某一具体参照物的所需时间表示项目位置；

（三）违反国家有关价格管理的规定；

（四）对规划或者建设中的交通、商业、文化教育设施以及其他市政条件作误导宣传。

第二十七条　农作物种子、林木种子、草种子、种畜禽、水产苗种和种养殖广告关于品种名称、生产性能、生长量或者产量、品质、抗性、特殊使用价值、经济价值、适宜种植或者养殖的范围和条件等方面的表述应当真实、清楚、明白，并不得含有下列内容：

（一）作科学上无法验证的断言；

（二）表示功效的断言或者保证；

（三）对经济效益进行分析、预测或者作保证性承诺；

（四）利用科研单位、学术机构、技术推广机构、行业协会或者专业人士、用户的名义或者形象作推荐、证明。

第二十八条　广告以虚假或者引人误解的内容欺骗、误导消费者的，构成虚假广告。

广告有下列情形之一的，为虚假广告：

（一）商品或者服务不存在的；

（二）商品的性能、功能、产地、用途、质量、规格、成分、价格、生产者、有效期限、销售状况、曾获荣誉等信息，或者服务的内容、提供者、形式、质量、价格、销售状况、曾获荣誉等信息，以及与商品或者服务有关的允诺等信息与实际情况不符，对购买行为有实质性影响的；

（三）使用虚构、伪造或者无法验证的科研成果、统计资料、调查结果、文摘、引用语等信息作证明材料的；

（四）虚构使用商品或者接受服务的效果的；

（五）以虚假或者引人误解的内容欺骗、误导消费者的其他情形。

第三章　广告行为规范

第二十九条　广播电台、电视台、报刊出版单位从事广告发布业务的，应当设有专门从事广告业务的机构，配备必要的人员，具有与发布广告相适应的场所、设备。

第三十条　广告主、广告经营者、广告发布者之间在广告活动中应当依法订立书面合同。

第三十一条　广告主、广告经营者、广告发布者不得在广告活动中进行任何形式的不正当竞争。

第三十二条　广告主委托设计、制作、发布广告，应当委托具有合法经营资格的广告经营者、广告发布者。

第三十三条　广告主或者广告经营者在广告中使用他人名义或者形象的，应当事先取得其书面同意；使用无民事行为能力人、限制民事行为能力人的名义或者形象的，应当事先取得其监护人的书面同意。

第三十四条　广告经营者、广告发布者应当按照国家有关规定，建立、健全广告业务的承接登记、审核、档案管理制度。

广告经营者、广告发布者依据法律、行政法规查验有关证明文件，核对广告内容。对内容不符或者证明文件不全的广告，广告经营者不得提供设计、制作、代理服务，广告发布者不得发布。

第三十五条　广告经营者、广告发布者应当公布其收费标准和收费办法。

第三十六条　广告发布者向广告主、广告经营者提供的覆盖率、收视率、点击率、发行量等资料应当真实。

第三十七条　法律、行政法规规定禁止生产、销售的产品或者提供的服务，以及禁止发布广告的商品或者服务，任何单位或者个人不得设计、制作、代理、发布广告。

第三十八条　广告代言人在广告中对商品、服务作推荐、证明，应当依据事实，符合本法和有关法律、行政法规规定，并不得为其未使用过的商品或者未接受过的服务作推荐、证明。

不得利用不满十周岁的未成年人作为广告代言人。

对在虚假广告中作推荐、证明受到行政处罚未满三年的自然人、法人或者其他组织，不得利用其作为广告代言人。

第三十九条　不得在中小学校、幼儿园内开展广告活动，不得利用中小学生和幼儿的教材、教辅材料、练习册、文具、教具、校服、校车等发布或者变相发布广告，但公益广告除外。

第四十条　在针对未成年人的大众传播媒介上不得发布医疗、药品、保健食品、医疗器械、化妆品、酒类、美容广告，以及不利于未成年人身心健康的网络游戏广告。

针对不满十四周岁的未成年人的商品或者服务的广告不得含有下列内容：

（一）劝诱其要求家长购买广告商品或者服务；

（二）可能引发其模仿不安全行为。

第四十一条　县级以上地方人民政府应当组织有关部门加强对利用户外场所、空间、设施等发布户外广告的监督管理，制定户外广告设置规划和安全要求。

户外广告的管理办法，由地方性法规、地方政府规章规定。

第四十二条　有下列情形之一的，不得设置户外广告：

（一）利用交通安全设施、交通标志的；

（二）影响市政公共设施、交通安全设施、交通标志、消防设施、消防安全标志使用的；

（三）妨碍生产或者人民生活，损害市容市貌的；

（四）在国家机关、文物保护单位、风景名胜区等的建筑控制地带，或者县级以上地方人民政府禁止设置户外广告的区域设置的。

第四十三条　任何单位或者个人未经当事人同意或者请求，不得向其住宅、交通工具等发送广告，也不得以电子信息方式向其发送广告。

以电子信息方式发送广告的，应当明示发送者的真实身份和联系方式，并向接收者提供拒绝继续接收的方式。

第四十四条　利用互联网从事广告活动，适用本法的各项规定。

利用互联网发布、发送广告，不得影响用户正常使用网络。在互联网页面以弹出等形式发布的广告，应当显著标明关闭标志，确保一键关闭。

第四十五条　公共场所的管理者或者电信业务经营者、互联网信息服务提供者对其明知或者应知的利用其场所或者信息传输、发布平台发送、发布违法广告的，应当予以制止。

第四章　监督管理

第四十六条　发布医疗、药品、医疗器械、农药、兽药和保健食品广告，以及法律、行政法规规定应当进行审查的其他广告，应当在发布前由有关部门（以下称广告审查机关）对广告内容进行审查；未经审查，不得发布。

第四十七条　广告主申请广告审查，应当依照法律、行政法规向广告审查机关提交有关证明文件。

广告审查机关应当依照法律、行政法规规定作出审查决定，并应当将审查批准文件抄送同级市场监督管理部门。广告审查机关应当及时向社会公布批准的广告。

第四十八条　任何单位或者个人不得伪造、变造或者转让广告审查批准文件。

第四十九条　市场监督管理部门履行广告监督管理职责，可以行使下列职权：

（一）对涉嫌从事违法广告活动的场所实施现场检查；

（二）询问涉嫌违法当事人或者其法定代表人、主要负责人和其他有关人员，对有关单位或者个人进行调查；

（三）要求涉嫌违法当事人限期提供有关证明文件；

（四）查阅、复制与涉嫌违法广告有关的合同、票据、账簿、广告作品和其他有关资料；

（五）查封、扣押与涉嫌违法广告直接相关的广告物品、经营工具、设备等财物；

（六）责令暂停发布可能造成严重后果的涉嫌违法广告；

（七）法律、行政法规规定的其他职权。

市场监督管理部门应当建立健全广告监测制度，完善监测措施，及时发现和依法查处违法广告行为。

第五十条　国务院市场监督管理部门会同国务院有关部门，制定大众传播媒介广告发布行为规范。

第五十一条　市场监督管理部门依照本法规定行使职权，当事人应当协助、配合，不得拒绝、阻挠。

第五十二条　市场监督管理部门和有关部门及其工作人员对其在广告监督管理活动中知悉的商业秘密负有保密义务。

第五十三条　任何单位或者个人有权向市场监督管理部门和有关部门投诉、举报违反本法的行为。市场监督管理部门和有关部门应当向社会公开受理投诉、举报的电话、信箱或者电子邮件地址，接到投诉、举报的部门应当自收到投诉之日起七个工作日内，予以处理并告知投诉、举报人。

市场监督管理部门和有关部门不依法履行职责的，任何单位或者个人有权向其上级机关或者监察机关举报。接到举报的机关应当依法作出处理，并将处理结果及时告知举报人。

有关部门应当为投诉、举报人保密。

第五十四条　消费者协会和其他消费者组织对违反本法规定，发布虚假广告侵害消费者合法权益，以及其他损害社会公共利益的行为，依法进行社会监督。

第五章　法律责任

第五十五条　违反本法规定，发布虚假广告的，由市场监督管理部门责令停止发布广告，责令广告主在相应范围内消除影响，处广告费用三倍以上五倍以下的罚款，广告费用无法计算或者明显偏低的，处二十万元以上一百万元以下的罚款；两年内有三次以上违法行为或者有其他严重情节的，处广告费用五倍以上十倍以下的罚款，广告费用无法计算或者明显偏低的，处一百万元以上二百万元以下的罚款，可以吊销营业执照，并由广告审查机关撤销广告审查批准文件、一年内不受理其广告审查申请。

医疗机构有前款规定违法行为，情节严重的，除由市场监督管理部门依照本法处罚外，卫生行政部门可以吊销诊疗科目或者吊销医疗机构执业许可证。

广告经营者、广告发布者明知或者应知广告虚假仍设计、制作、代理、发布的，由市场监督管理部门没收广告费用，并处广告费用三倍以上五倍以下的罚款，广告费用无法计算或者明显偏低的，处二十万元以上一百万元以下的罚款；两年内有三次以上违法行为或者有其他严重情节的，处广告费用五倍以上十倍以下的罚款，广告费用无法计算或者明显偏低的，处一百万元以上二百万元以下的罚款，并可以由有关部门暂停广告发布业务、吊销营业执照。

广告主、广告经营者、广告发布者有本条第一款、第三款规定行为，构成犯罪的，依法追究刑事责任。

第五十六条　违反本法规定，发布虚假广告，欺骗、误导消费者，使购买商品或者接受服务的消费者的合法权益受到损害的，由广告主依法承担民事责任。广告经营者、广告发布者不能提供广告主的真实名称、地址和有效联系方式的，消费者可以要求广告经营者、广告发布者先行赔偿。

关系消费者生命健康的商品或者服务的虚假广告，造成消费者损害的，其广告经营者、广告发布者、广告代言人应当与广告主承担连带责任。

前款规定以外的商品或者服务的虚假广告，造成消费者损害的，其广告经营者、广告发布者、广告代言人，明知或者应知广告虚假仍设计、制作、代理、发布或者作推荐、证明的，应当与广告主承担连带责任。

第五十七条 有下列行为之一的，由市场监督管理部门责令停止发布广告，对广告主处二十万元以上一百万元以下的罚款，情节严重的，并可以吊销营业执照，由广告审查机关撤销广告审查批准文件、一年内不受理其广告审查申请；对广告经营者、广告发布者，由市场监督管理部门没收广告费用，处二十万元以上一百万元以下的罚款，情节严重的，并可以吊销营业执照。

（一）发布有本法第九条、第十条规定的禁止情形的广告的；

（二）违反本法第十五条规定发布处方药广告、药品类易制毒化学品广告、戒毒治疗的医疗器械和治疗方法广告的；

（三）违反本法第二十条规定，发布声称全部或者部分替代母乳的婴儿乳制品、饮料和其他食品广告的；

（四）违反本法第二十二条规定发布烟草广告的；

（五）违反本法第三十七条规定，利用广告推销禁止生产、销售的产品或者提供的服务，或者禁止发布广告的商品或者服务的；

（六）违反本法第四十条第一款规定，在针对未成年人的大众传播媒介上发布医疗、药品、保健食品、医疗器械、化妆品、酒类、美容广告，以及不利于未成年人身心健康的网络游戏广告的。

第五十八条 有下列行为之一的，由市场监督管理部门责令停止发布广告，责令广告主在相应范围内消除影响，处广告费用一倍以上三倍以下的罚款，广告费用无法计算或者明显偏低的，处十万元以上二十万元以下的罚款；情节严重的，处广告费用三倍以上五倍以下的罚款，广告费用无法计算或者明显偏低的，处二十万元以上一百万元以下的罚款，可以吊销营业执照，并由广告审查机关撤销广告审查批准文件、一年内不受理其广告审查申请：

（一）违反本法第十六条规定发布医疗、药品、医疗器械广告的；

（二）违反本法第十七条规定，在广告中涉及疾病治疗功能，以及使用医疗用语或者易使推销的商品与药品、医疗器械相混淆的用语的；

（三）违反本法第十八条规定发布保健食品广告的；

（四）违反本法第二十一条规定发布农药、兽药、饲料和饲料添加剂广告的；

（五）违反本法第二十三条规定发布酒类广告的；

（六）违反本法第二十四条规定发布教育、培训广告的；

（七）违反本法第二十五条规定发布招商等有投资回报预期的商品或者服务广告的；

（八）违反本法第二十六条规定发布房地产广告的；

（九）违反本法第二十七条规定发布农作物种子、林木种子、草种子、种畜禽、水产苗种和种养殖广告的；

（十）违反本法第三十八条第二款规定，利用不满十周岁的未成年人作为广告代言人的；

（十一）违反本法第三十八条第三款规定，利用自然人、法人或者其他组织作为广告代言人的；

（十二）违反本法第三十九条规定，在中小学校、幼儿园内或者利用与中小学生、幼儿有关的物品发布广告的；

（十三）违反本法第四十条第二款规定，发布针对不满十四周岁的未成年人的商品或者服务的广告的；

（十四）违反本法第四十六条规定，未经审查发布广告的。

医疗机构有前款规定违法行为，情节严重的，除由市场监督管理部门依照本法处罚外，卫生行政部门可以吊销诊疗科目或者吊销医疗机构执业许可证。

广告经营者、广告发布者明知或者应知有本条第一款规定违法行为仍设计、制作、代理、发布的，由市场监督管理部门没收广告费用，并处广告费用一倍以上三倍以下的罚款，广告费用无法计算或者明显偏低的，处十万元以上二十万元以下的罚款；情节严重的，处广告费用三倍以上五倍以下的罚款，广告费用无法计算或者明显偏低的，处二十万元以上一百万元以下的罚款，并可以由有关部门暂停广告发布业务、吊销营业执照。

第五十九条　有下列行为之一的，由市场监督管理部门责令停止发布广告，对广告主处十万元以下的罚款：

（一）广告内容违反本法第八条规定的；

（二）广告引证内容违反本法第十一条规定的；

（三）涉及专利的广告违反本法第十二条规定的；

（四）违反本法第十三条规定，广告贬低其他生产经营者的商品或者服务的。

广告经营者、广告发布者明知或者应知有前款规定违法行为仍设计、制作、代理、发布的，由市场监督管理部门处十万元以下的罚款。

广告违反本法第十四条规定，不具有可识别性的，或者违反本法第十九条规定，变相发布医疗、药品、医疗器械、保健食品广告的，由市场监督管理部门责令改正，对广告发布者处十万元以下的罚款。

第六十条　违反本法第三十四条规定，广告经营者、广告发布者未按照国家有关规定建立、健全广告业务管理制度的，或者未对广告内容进行核对的，由市场监督管理部门责令改正，可以处五万元以下的罚款。

违反本法第三十五条规定，广告经营者、广告发布者未公布其收费标准和收费办法的，由价格主管部门责令改正，可以处五万元以下的罚款。

第六十一条 广告代言人有下列情形之一的，由市场监督管理部门没收违法所得，并处违法所得一倍以上二倍以下的罚款：

（一）违反本法第十六条第一款第四项规定，在医疗、药品、医疗器械广告中作推荐、证明的；

（二）违反本法第十八条第一款第五项规定，在保健食品广告中作推荐、证明的；

（三）违反本法第三十八条第一款规定，为其未使用过的商品或者未接受过的服务作推荐、证明的；

（四）明知或者应知广告虚假仍在广告中对商品、服务作推荐、证明的。

第六十二条 违反本法第四十三条规定发送广告的，由有关部门责令停止违法行为，对广告主处五千元以上三万元以下的罚款。

违反本法第四十四条第二款规定，利用互联网发布广告，未显著标明关闭标志，确保一键关闭的，由市场监督管理部门责令改正，对广告主处五千元以上三万元以下的罚款。

第六十三条 违反本法第四十五条规定，公共场所的管理者和电信业务经营者、互联网信息服务提供者，明知或者应知广告活动违法不予制止的，由市场监督管理部门没收违法所得，违法所得五万元以上的，并处违法所得一倍以上三倍以下的罚款，违法所得不足五万元的，并处一万元以上五万元以下的罚款；情节严重的，由有关部门依法停止相关业务。

第六十四条 违反本法规定，隐瞒真实情况或者提供虚假材料申请广告审查的，广告审查机关不予受理或者不予批准，予以警告，一年内不受理该申请人的广告审查申请；以欺骗、贿赂等不正当手段取得广告审查批准的，广告审查机关予以撤销，处十万元以上二十万元以下的罚款，三年内不受理该申请人的广告审查申请。

第六十五条　违反本法规定，伪造、变造或者转让广告审查批准文件的，由市场监督管理部门没收违法所得，并处一万元以上十万元以下的罚款。

第六十六条　有本法规定的违法行为的，由市场监督管理部门记入信用档案，并依照有关法律、行政法规规定予以公示。

第六十七条　广播电台、电视台、报刊音像出版单位发布违法广告，或者以新闻报道形式变相发布广告，或者以介绍健康、养生知识等形式变相发布医疗、药品、医疗器械、保健食品广告，市场监督管理部门依照本法给予处罚的，应当通报新闻出版、广播电视主管部门以及其他有关部门。新闻出版、广播电视主管部门以及其他有关部门应当依法对负有责任的主管人员和直接责任人员给予处分；情节严重的，并可以暂停媒体的广告发布业务。

新闻出版、广播电视主管部门以及其他有关部门未依照前款规定对广播电台、电视台、报刊音像出版单位进行处理的，对负有责任的主管人员和直接责任人员依法给予处分。

第六十八条　广告主、广告经营者、广告发布者违反本法规定，有下列侵权行为之一的，依法承担民事责任：

（一）在广告中损害未成年人或者残疾人的身心健康的；

（二）假冒他人专利的；

（三）贬低其他生产经营者的商品、服务的；

（四）在广告中未经同意使用他人名义或者形象的；

（五）其他侵犯他人合法民事权益的。

第六十九条　因发布虚假广告，或者有其他本法规定的违法行为，被吊销营业执照的公司、企业的法定代表人，对违法行为负有个人责任的，自该公司、企业被吊销营业执照之日起三年内不得担任公司、企业的董事、监事、高级管理人员。

第七十条　违反本法规定，拒绝、阻挠市场监督管理部门监督检查，或者有其他构成违反治安管理行为的，依法给予治安管理处罚；构成犯罪的，依法追究刑事责任。

第七十一条　广告审查机关对违法的广告内容作出审查批准决定的，对负有责任的主管人员和直接责任人员，由任免机关或者监察机关依法给予处分；构成犯罪的，依法追究刑事责任。

第七十二条　市场监督管理部门对在履行广告监测职责中发现的违法广告行为或者对经投诉、举报的违法广告行为，不依法予以查处的，对负有责任的主管人员和直接责任人员，依法给予处分。

市场监督管理部门和负责广告管理相关工作的有关部门的工作人员玩忽职守、滥用职权、徇私舞弊的，依法给予处分。

有前两款行为，构成犯罪的，依法追究刑事责任。

第六章　附　则

第七十三条　国家鼓励、支持开展公益广告宣传活动，传播社会主义核心价值观，倡导文明风尚。

大众传播媒介有义务发布公益广告。广播电台、电视台、报刊出版单位应当按照规定的版面、时段、时长发布公益广告。公益广告的管理办法，由国务院市场监督管理部门会同有关部门制定。

第七十四条　本法自2015年9月1日起施行。

中华人民共和国网络安全法

（2016年11月7日第十二届全国人民代表大会常务委员会第二十四次会议通过）

第一章　总　　则

第一条　为了保障网络安全，维护网络空间主权和国家安全、社会公共利益，保护公民、法人和其他组织的合法权益，促进经济社会信息化健康发展，制定本法。

第二条　在中华人民共和国境内建设、运营、维护和使用网络，以及网络安全的监督管理，适用本法。

第三条　国家坚持网络安全与信息化发展并重，遵循积极利用、科学发展、依法管理、确保安全的方针，推进网络基础设施建设和互联互通，鼓励网络技术创新和应用，支持培养网络安全人才，建立健全网络安全保障体系，提高网络安全保护能力。

第四条　国家制定并不断完善网络安全战略，明确保障网络安全的基本要求和主要目标，提出重点领域的网络安全政策、工作任务和措施。

第五条　国家采取措施，监测、防御、处置来源于中华人民共和国境内外的网络安全风险和威胁，保护关键信息基础设施免受攻击、侵入、干扰和破坏，依法惩治网络违法犯罪活动，维护网络空间安全和秩序。

第六条　国家倡导诚实守信、健康文明的网络行为，推动传播社会主义核心价值观，采取措施提高全社会的网络安全意识和水平，形成全社会共同参与促进网络安全的良好环境。

　　第七条　国家积极开展网络空间治理、网络技术研发和标准制定、打击网络违法犯罪等方面的国际交流与合作，推动构建和平、安全、开放、合作的网络空间，建立多边、民主、透明的网络治理体系。

　　第八条　国家网信部门负责统筹协调网络安全工作和相关监督管理工作。国务院电信主管部门、公安部门和其他有关机关依照本法和有关法律、行政法规的规定，在各自职责范围内负责网络安全保护和监督管理工作。

　　县级以上地方人民政府有关部门的网络安全保护和监督管理职责，按照国家有关规定确定。

　　第九条　网络运营者开展经营和服务活动，必须遵守法律、行政法规，尊重社会公德，遵守商业道德，诚实信用，履行网络安全保护义务，接受政府和社会的监督，承担社会责任。

　　第十条　建设、运营网络或者通过网络提供服务，应当依照法律、行政法规的规定和国家标准的强制性要求，采取技术措施和其他必要措施，保障网络安全、稳定运行，有效应对网络安全事件，防范网络违法犯罪活动，维护网络数据的完整性、保密性和可用性。

　　第十一条　网络相关行业组织按照章程，加强行业自律，制定网络安全行为规范，指导会员加强网络安全保护，提高网络安全保护水平，促进行业健康发展。

　　第十二条　国家保护公民、法人和其他组织依法使用网络的权利，促进网络接入普及，提升网络服务水平，为社会提供安全、便利的网络服务，保障网络信息依法有序自由流动。

　　任何个人和组织使用网络应当遵守宪法法律，遵守公共秩序，尊重社会公德，不得危害网络安全，不得利用网络从事危害国家安全、荣誉和利益，煽动颠覆国家政权、推翻社会主义制度，煽动分裂国家、破坏国家统一，宣扬恐怖主义、极端主义，宣扬民族仇恨、民族歧视，传播暴力、淫秽色情信息，编造、传播虚假信息扰乱经济秩序和社会秩序，以及侵害他人名誉、隐私、知识产权和其他合法权益等活动。

第十三条　国家支持研究开发有利于未成年人健康成长的网络产品和服务，依法惩治利用网络从事危害未成年人身心健康的活动，为未成年人提供安全、健康的网络环境。

第十四条　任何个人和组织有权对危害网络安全的行为向网信、电信、公安等部门举报。收到举报的部门应当及时依法作出处理；不属于本部门职责的，应当及时移送有权处理的部门。

有关部门应当对举报人的相关信息予以保密，保护举报人的合法权益。

第二章　网络安全支持与促进

第十五条　国家建立和完善网络安全标准体系。国务院标准化行政主管部门和国务院其他有关部门根据各自的职责，组织制定并适时修订有关网络安全管理以及网络产品、服务和运行安全的国家标准、行业标准。

国家支持企业、研究机构、高等学校、网络相关行业组织参与网络安全国家标准、行业标准的制定。

第十六条　国务院和省、自治区、直辖市人民政府应当统筹规划，加大投入，扶持重点网络安全技术产业和项目，支持网络安全技术的研究开发和应用，推广安全可信的网络产品和服务，保护网络技术知识产权，支持企业、研究机构和高等学校等参与国家网络安全技术创新项目。

第十七条　国家推进网络安全社会化服务体系建设，鼓励有关企业、机构开展网络安全认证、检测和风险评估等安全服务。

第十八条　国家鼓励开发网络数据安全保护和利用技术，促进公共数据资源开放，推动技术创新和经济社会发展。

国家支持创新网络安全管理方式，运用网络新技术，提升网络安全保护水平。

第十九条　各级人民政府及其有关部门应当组织开展经常性的网络安全宣传教育，并指导、督促有关单位做好网络安全宣传教育工作。

大众传播媒介应当有针对性地面向社会进行网络安全宣传教育。

第二十条　国家支持企业和高等学校、职业学校等教育培训机构开展网络安全相关教育与培训，采取多种方式培养网络安全人才，促进网络安全人才交流。

第三章　网络运行安全

第一节　一般规定

第二十一条　国家实行网络安全等级保护制度。网络运营者应当按照网络安全等级保护制度的要求，履行下列安全保护义务，保障网络免受干扰、破坏或者未经授权的访问，防止网络数据泄露或者被窃取、篡改：

（一）制定内部安全管理制度和操作规程，确定网络安全负责人，落实网络安全保护责任；

（二）采取防范计算机病毒和网络攻击、网络侵入等危害网络安全行为的技术措施；

（三）采取监测、记录网络运行状态、网络安全事件的技术措施，并按照规定留存相关的网络日志不少于六个月；

（四）采取数据分类、重要数据备份和加密等措施；

（五）法律、行政法规规定的其他义务。

第二十二条　网络产品、服务应当符合相关国家标准的强制性要求。网络产品、服务的提供者不得设置恶意程序；发现其网络产品、服务存在安全缺陷、漏洞等风险时，应当立即采取补救措施，按照规定及时告知用户并向有关主管部门报告。

网络产品、服务的提供者应当为其产品、服务持续提供安全维护；在规定或者当事人约定的期限内，不得终止提供安全维护。

网络产品、服务具有收集用户信息功能的，其提供者应当向用户明示并取得同意；涉及用户个人信息的，还应当遵守本法和有关法律、行政法规关于个人信息保护的规定。

第二十三条　网络关键设备和网络安全专用产品应当按照相关国家标准的强制性要求，由具备资格的机构安全认证合格或者安全检测符合要求后，方可销售或者提供。国家网信部门会同国务院有关部门制定、公布网络关键设备和网络安全专用产品目录，并推动安全认证和安全检测结果互认，避免重复认证、检测。

第二十四条　网络运营者为用户办理网络接入、域名注册服务，办理固定电话、移动电话等入网手续，或者为用户提供信息发布、即时通讯等服务，在与用户签订协议或者确认提供服务时，应当要求用户提供真实身份信息。用户不提供真实身份信息的，网络运营者不得为其提供相关服务。

国家实施网络可信身份战略，支持研究开发安全、方便的电子身份认证技术，推动不同电子身份认证之间的互认。

第二十五条　网络运营者应当制定网络安全事件应急预案，及时处置系统漏洞、计算机病毒、网络攻击、网络侵入等安全风险；在发生危害网络安全的事件时，立即启动应急预案，采取相应的补救措施，并按照规定向有关主管部门报告。

第二十六条　开展网络安全认证、检测、风险评估等活动，向社会发布系统漏洞、计算机病毒、网络攻击、网络侵入等网络安全信息，应当遵守国家有关规定。

第二十七条　任何个人和组织不得从事非法侵入他人网络、干扰他人网络正常功能、窃取网络数据等危害网络安全的活动；不得提供专门用于从事侵入网络、干扰网络正常功能及防护措施、窃取网络数据等危害网络安全活动的程序、工具；明知他人从事危害网络安全的活动的，不得为其提供技术支持、广告推广、支付结算等帮助。

第二十八条　网络运营者应当为公安机关、国家安全机关依法维护国家安全和侦查犯罪的活动提供技术支持和协助。

第二十九条　国家支持网络运营者之间在网络安全信息收集、分析、通报和应急处置等方面进行合作，提高网络运营者的安全保障能力。

有关行业组织建立健全本行业的网络安全保护规范和协作机制，加强对网络安全风险的分析评估，定期向会员进行风险警示，支持、协助会员应对网络安全风险。

第三十条　网信部门和有关部门在履行网络安全保护职责中获取的信息，只能用于维护网络安全的需要，不得用于其他用途。

第二节　关键信息基础设施的运行安全

第三十一条　国家对公共通信和信息服务、能源、交通、水利、金融、公共服务、电子政务等重要行业和领域，以及其他一旦遭到破坏、丧失功能或者数据泄露，可能严重危害国家安全、国计民生、公共利益的关键信息基础设施，在网络安全等级保护制度的基础上，实行重点保护。关键信息基础设施的具体范围和安全保护办法由国务院制定。

国家鼓励关键信息基础设施以外的网络运营者自愿参与关键信息基础设施保护体系。

第三十二条　按照国务院规定的职责分工，负责关键信息基础设施安全保护工作的部门分别编制并组织实施本行业、本领域的关键信息基础设施安全规划，指导和监督关键信息基础设施运行安全保护工作。

第三十三条　建设关键信息基础设施应当确保其具有支持业务稳定、持续运行的性能，并保证安全技术措施同步规划、同步建设、同步使用。

第三十四条　除本法第二十一条的规定外，关键信息基础设施的运营者还应当履行下列安全保护义务：

（一）设置专门安全管理机构和安全管理负责人，并对该负责人和关键岗位的人员进行安全背景审查；

（二）定期对从业人员进行网络安全教育、技术培训和技能考核；

（三）对重要系统和数据库进行容灾备份；

（四）制定网络安全事件应急预案，并定期进行演练；

（五）法律、行政法规规定的其他义务。

第三十五条　关键信息基础设施的运营者采购网络产品和服务，可能影响国家安全的，应当通过国家网信部门会同国务院有关部门组织的国家安全审查。

第三十六条　关键信息基础设施的运营者采购网络产品和服务，应当按照规定与提供者签订安全保密协议，明确安全和保密义务与责任。

第三十七条　关键信息基础设施的运营者在中华人民共和国境内运营中收集和产生的个人信息和重要数据应当在境内存储。因业务需要，确需向境外提供的，应当按照国家网信部门会同国务院有关部门制定的办法进行安全评估；法律、行政法规另有规定的，依照其规定。

第三十八条　关键信息基础设施的运营者应当自行或者委托网络安全服务机构对其网络的安全性和可能存在的风险每年至少进行一次检测评估，并将检测评估情况和改进措施报送相关负责关键信息基础设施安全保护工作的部门。

第三十九条　国家网信部门应当统筹协调有关部门对关键信息基础设施的安全保护采取下列措施：

（一）对关键信息基础设施的安全风险进行抽查检测，提出改进措施，必要时可以委托网络安全服务机构对网络存在的安全风险进行检测评估；

（二）定期组织关键信息基础设施的运营者进行网络安全应急演练，提高应对网络安全事件的水平和协同配合能力；

（三）促进有关部门、关键信息基础设施的运营者以及有关研究机构、网络安全服务机构等之间的网络安全信息共享；

（四）对网络安全事件的应急处置与网络功能的恢复等，提供技术支持和协助。

第四章　网络信息安全

第四十条　网络运营者应当对其收集的用户信息严格保密，并建立健全用户信息保护制度。

第四十一条　网络运营者收集、使用个人信息，应当遵循合法、正当、必要的原则，公开收集、使用规则，明示收集、使用信息的目的、方式和范围，并经被收集者同意。

网络运营者不得收集与其提供的服务无关的个人信息，不得违反法律、行政法规的规定和双方的约定收集、使用个人信息，并应当依照法律、行政法规的规定和与用户的约定，处理其保存的个人信息。

第四十二条　网络运营者不得泄露、篡改、毁损其收集的个人信息；未经被收集者同意，不得向他人提供个人信息。但是，经过处理无法识别特定个人且不能复原的除外。

网络运营者应当采取技术措施和其他必要措施，确保其收集的个人信息安全，防止信息泄露、毁损、丢失。在发生或者可能发生个人信息泄露、毁损、丢失的情况时，应当立即采取补救措施，按照规定及时告知用户并向有关主管部门报告。

第四十三条　个人发现网络运营者违反法律、行政法规的规定或者双方的约定收集、使用其个人信息的，有权要求网络运营者删除其个人信息；发现网络运营者收集、存储的其个人信息有错误的，有权要求网络运营者予以更正。网络运营者应当采取措施予以删除或者更正。

第四十四条　任何个人和组织不得窃取或者以其他非法方式获取个人信息，不得非法出售或者非法向他人提供个人信息。

第四十五条　依法负有网络安全监督管理职责的部门及其工作人员，必须对在履行职责中知悉的个人信息、隐私和商业秘密严格保密，不得泄露、出售或者非法向他人提供。

第四十六条　任何个人和组织应当对其使用网络的行为负责，不得设立用于实施诈骗，传授犯罪方法，制作或者销售违禁物品、管制物品等违法犯罪活动的网站、通讯群组，不得利用网络发布涉及实施诈骗，制作或者销售违禁物品、管制物品以及其他违法犯罪活动的信息。

第四十七条　网络运营者应当加强对其用户发布的信息的管理，发现法律、行政法规禁止发布或者传输的信息的，应当立即停止传输该信息，采取消除等处置措施，防止信息扩散，保存有关记录，并向有关主管部门报告。

第四十八条　任何个人和组织发送的电子信息、提供的应用软件，不得设置恶意程序，不得含有法律、行政法规禁止发布或者传输的信息。

电子信息发送服务提供者和应用软件下载服务提供者，应当履行安全管理义务，知道其用户有前款规定行为的，应当停止提供服务，采取消除等处置措施，保存有关记录，并向有关主管部门报告。

第四十九条　网络运营者应当建立网络信息安全投诉、举报制度，公布投诉、举报方式等信息，及时受理并处理有关网络信息安全的投诉和举报。

网络运营者对网信部门和有关部门依法实施的监督检查，应当予以配合。

第五十条　国家网信部门和有关部门依法履行网络信息安全监督管理职责，发现法律、行政法规禁止发布或者传输的信息的，应当要求网络运营者停止传输，采取消除等处置措施，保存有关记录；对来源于中华人民共和国境外的上述信息，应当通知有关机构采取技术措施和其他必要措施阻断传播。

第五章　监测预警与应急处置

第五十一条　国家建立网络安全监测预警和信息通报制度。国家网信部门应当统筹协调有关部门加强网络安全信息收集、分析和通报工作，按照规定统一发布网络安全监测预警信息。

第五十二条　负责关键信息基础设施安全保护工作的部门，应当建立健全本行业、本领域的网络安全监测预警和信息通报制度，并按照规定报送网络安全监测预警信息。

第五十三条　国家网信部门协调有关部门建立健全网络安全风险评估和应急工作机制，制定网络安全事件应急预案，并定期组织演练。

负责关键信息基础设施安全保护工作的部门应当制定本行业、本领域的网络安全事件应急预案，并定期组织演练。

网络安全事件应急预案应当按照事件发生后的危害程度、影响范围等因素对网络安全事件进行分级，并规定相应的应急处置措施。

第五十四条　网络安全事件发生的风险增大时，省级以上人民政府有关部门应当按照规定的权限和程序，并根据网络安全风险的特点和可能造成的危害，采取下列措施：

（一）要求有关部门、机构和人员及时收集、报告有关信息，加强对网络安全风险的监测；

（二）组织有关部门、机构和专业人员，对网络安全风险信息进行分析评估，预测事件发生的可能性、影响范围和危害程度；

（三）向社会发布网络安全风险预警，发布避免、减轻危害的措施。

第五十五条　发生网络安全事件，应当立即启动网络安全事件应急预案，对网络安全事件进行调查和评估，要求网络运营者采取技术措施和其他必要措施，消除安全隐患，防止危害扩大，并及时向社会发布与公众有关的警示信息。

第五十六条　省级以上人民政府有关部门在履行网络安全监督管理职责中，发现网络存在较大安全风险或者发生安全事件的，可以按照规定的权限和程序对该网络运营者的法定代表人或者主要负责人进行约谈。网络运营者应当按照要求采取措施，进行整改，消除隐患。

第五十七条　因网络安全事件，发生突发事件或者生产安全事故的，应当依照《中华人民共和国突发事件应对法》《中华人民共和国安全生产法》等有关法律、行政法规的规定处置。

第五十八条　因维护国家安全和社会公共秩序，处置重大突发社会安全事件的需要，经国务院决定或者批准，可以在特定区域对网络通信采取限制等临时措施。

第六章　法律责任

第五十九条　网络运营者不履行本法第二十一条、第二十五条规定的网络安全保护义务的，由有关主管部门责令改正，给予警告；拒不改正或者导致危害网络安全等后果的，处一万元以上十万元以下罚款，对直接负责的主管人员处五千元以上五万元以下罚款。

关键信息基础设施的运营者不履行本法第三十三条、第三十四条、第三十六条、第三十八条规定的网络安全保护义务的，由有关主管部门责令改正，给予警告；拒不改正或者导致危害网络安全等后果的，处十万元以上一百万元以下罚款，对直接负责的主管人员处一万元以上十万元以下罚款。

第六十条　违反本法第二十二条第一款、第二款和第四十八条第一款规定，有下列行为之一的，由有关主管部门责令改正，给予警告；拒不改正或者导致危害网络安全等后果的，处五万元以上五十万元以下罚款，对直接负责的主管人员处一万元以上十万元以下罚款：

（一）设置恶意程序的；

（二）对其产品、服务存在的安全缺陷、漏洞等风险未立即采取补救措施，或者未按照规定及时告知用户并向有关主管部门报告的；

（三）擅自终止为其产品、服务提供安全维护的。

第六十一条　网络运营者违反本法第二十四条第一款规定，未要求用户提供真实身份信息，或者对不提供真实身份信息的用户提供相关服务的，由有关主管部门责令改正；拒不改正或者情节严重的，处五万元以上五十万元以下罚款，并可以由有关主管部门责令暂停相关业务、停业整顿、关闭网站、吊销相关业务许可证或者吊销营业执照，对直接负责的主管人员和其他直接责任人员处一万元以上十万元以下罚款。

第六十二条　违反本法第二十六条规定，开展网络安全认证、检测、风险评估等活动，或者向社会发布系统漏洞、计算机病毒、网络攻击、网络侵入等网络安全信息的，由有关主管部门责令改正，给予警告；拒不改正或者情节严重的，处一万元以上十万元以下罚款，并可以由有关主管部门责令暂停相关业务、停业整顿、关闭网站、吊销相关业务许可证或者吊销营业执照，对直接负责的主管人员和其他直接责任人员处五千元以上五万元以下罚款。

第六十三条　违反本法第二十七条规定，从事危害网络安全的活动，或者提供专门用于从事危害网络安全活动的程序、工具，或者为他人从事危害网络安全的活动提供技术支持、广告推广、支付结算等帮助，尚不构成犯罪的，由公安机关没收违法所得，处五日以下拘留，可以并处五万元以上五十万元以下罚款；情节较重的，处五日以上十五日以下拘留，可以并处十万元以上一百万元以下罚款。

单位有前款行为的，由公安机关没收违法所得，处十万元以上一百万元以下罚款，并对直接负责的主管人员和其他直接责任人员依照前款规定处罚。

违反本法第二十七条规定，受到治安管理处罚的人员，五年内不得从事网络安全管理和网络运营关键岗位的工作；受到刑事处罚的人员，终身不得从事网络安全管理和网络运营关键岗位的工作。

第六十四条　网络运营者、网络产品或者服务的提供者违反本法第二十二条第三款、第四十一条至第四十三条规定，侵害个人信息依法得到保护的权利的，由有关主管部门责令改正，可以根据情节单处或者并处警告、没收违法所得、处违法所得一倍以上十倍以下罚款，没有违法所得的，处一百万元以下罚款，对直接负责的主管人员和其他直接责任人员处一万元以上十万元以下罚款；情节严重的，并可以责令暂停相关业务、停业整顿、关闭网站、吊销相关业务许可证或者吊销营业执照。

违反本法第四十四条规定，窃取或者以其他非法方式获取、非法出售或者非法向他人提供个人信息，尚不构成犯罪的，由公安机关没收违法所得，并处违法所得一倍以上十倍以下罚款，没有违法所得的，处一百万元以下罚款。

第六十五条　关键信息基础设施的运营者违反本法第三十五条规定，使用未经安全审查或者安全审查未通过的网络产品或者服务的，由有关主管部门责令停止使用，处采购金额一倍以上十倍以下罚款；对直接负责的主管人员和其他直接责任人员处一万元以上十万元以下罚款。

第六十六条　关键信息基础设施的运营者违反本法第三十七条规定，在境外存储网络数据，或者向境外提供网络数据的，由有关主管部门责令改正，给予警告，没收违法所得，处五万元以上五十万元以下罚款，并可以责令暂停相关业务、停业整顿、关闭网站、吊销相关业务许可证或者吊销营业执照；对直接负责的主管人员和其他直接责任人员处一万元以上十万元以下罚款。

第六十七条　违反本法第四十六条规定，设立用于实施违法犯罪活动的网站、通讯群组，或者利用网络发布涉及实施违法犯罪活动的信息，尚不构成犯罪的，由公安机关处五日以下拘留，可以并处一万元以上十万元以下罚款；情节较重的，处五日以上十五日以下拘留，可以并处五万元以上五十万元以下罚款。关闭用于实施违法犯罪活动的网站、通讯群组。

单位有前款行为的，由公安机关处十万元以上五十万元以下罚款，并对直接负责的主管人员和其他直接责任人员依照前款规定处罚。

第六十八条　网络运营者违反本法第四十七条规定，对法律、行政法规禁止发布或者传输的信息未停止传输、采取消除等处置措施、保存有关记录的，由有关主管部门责令改正，给予警告，没收违法所得；拒不改正或者情节严重的，处十万元以上五十万元以下罚款，并可以责令暂停相关业务、停业整顿、关闭网站、吊销相关业务许可证或者吊销营业执照，对直接负责的主管人员和其他直接责任人员处一万元以上十万元以下罚款。

电子信息发送服务提供者、应用软件下载服务提供者，不履行本法第四十八条第二款规定的安全管理义务的，依照前款规定处罚。

第六十九条　网络运营者违反本法规定，有下列行为之一的，由有关主管部门责令改正；拒不改正或者情节严重的，处五万元以上五十万元以下罚款，对直接负责的主管人员和其他直接责任人员，处一万元以上十万元以下罚款：

（一）不按照有关部门的要求对法律、行政法规禁止发布或者传输的信息，采取停止传输、消除等处置措施的；

（二）拒绝、阻碍有关部门依法实施的监督检查的；

（三）拒不向公安机关、国家安全机关提供技术支持和协助的。

第七十条　发布或者传输本法第十二条第二款和其他法律、行政法规禁止发布或者传输的信息的，依照有关法律、行政法规的规定处罚。

第七十一条　有本法规定的违法行为的，依照有关法律、行政法规的规定记入信用档案，并予以公示。

第七十二条　国家机关政务网络的运营者不履行本法规定的网络安全保护义务的，由其上级机关或者有关机关责令改正；对直接负责的主管人员和其他直接责任人员依法给予处分。

第七十三条　网信部门和有关部门违反本法第三十条规定，将在履行网络安全保护职责中获取的信息用于其他用途的，对直接负责的主管人员和其他直接责任人员依法给予处分。

网信部门和有关部门的工作人员玩忽职守、滥用职权、徇私舞弊，尚不构成犯罪的，依法给予处分。

第七十四条　违反本法规定，给他人造成损害的，依法承担民事责任。

违反本法规定，构成违反治安管理行为的，依法给予治安管理处罚；构成犯罪的，依法追究刑事责任。

第七十五条　境外的机构、组织、个人从事攻击、侵入、干扰、破坏等危害中华人民共和国的关键信息基础设施的活动，造成严重后果的，依法追究法律责任；国务院公安部门和有关部门并可以决定对该机构、组织、个人采取冻结财产或者其他必要的制裁措施。

第七章　附　则

第七十六条　本法下列用语的含义：

（一）网络，是指由计算机或者其他信息终端及相关设备组成的按照一定的规则和程序对信息进行收集、存储、传输、交换、处理的系统。

（二）网络安全，是指通过采取必要措施，防范对网络的攻击、侵入、干扰、破坏和非法使用以及意外事故，使网络处于稳定可靠运行的状态，以及保障网络数据的完整性、保密性、可用性的能力。

（三）网络运营者，是指网络的所有者、管理者和网络服务提供者。

（四）网络数据，是指通过网络收集、存储、传输、处理和产生的各种电子数据。

（五）个人信息，是指以电子或者其他方式记录的能够单独或者与其他信息结合识别自然人个人身份的各种信息，包括但不限于自然人的姓名、出生日期、身份证件号码、个人生物识别信息、住址、电话号码等。

第七十七条　存储、处理涉及国家秘密信息的网络的运行安全保护，除应当遵守本法外，还应当遵守保密法律、行政法规的规定。

第七十八条　军事网络的安全保护，由中央军事委员会另行规定。

第七十九条　本法自2017年6月1日起施行。

中华人民共和国电子商务法

（2018年8月31日第十三届全国人民代表大会常务委员会第五次会议通过）

第一章　总　　则

第一条　为了保障电子商务各方主体的合法权益，规范电子商务行为，维护市场秩序，促进电子商务持续健康发展，制定本法。

第二条　中华人民共和国境内的电子商务活动，适用本法。

本法所称电子商务，是指通过互联网等信息网络销售商品或者提供服务的经营活动。

法律、行政法规对销售商品或者提供服务有规定的，适用其规定。金融类产品和服务，利用信息网络提供新闻信息、音视频节目、出版以及文化产品等内容方面的服务，不适用本法。

第三条　国家鼓励发展电子商务新业态，创新商业模式，促进电子商务技术研发和推广应用，推进电子商务诚信体系建设，营造有利于电子商务创新发展的市场环境，充分发挥电子商务在推动高质量发展、满足人民日益增长的美好生活需要、构建开放型经济方面的重要作用。

第四条　国家平等对待线上线下商务活动，促进线上线下融合发展，各级人民政府和有关部门不得采取歧视性的政策措施，不得滥用行政权力排除、限制市场竞争。

第五条　电子商务经营者从事经营活动，应当遵循自愿、平等、公平、诚信的原则，遵守法律和商业道德，公平参与市场竞争，履行消费者权益保护、环境保护、知识产权保护、网络安全与个人信息保护等方面的义务，承担产品和服务质量责任，接受政府和社会的监督。

第六条　国务院有关部门按照职责分工负责电子商务发展促进、监督管理等工作。县级以上地方各级人民政府可以根据本行政区域的实际情况，确定本行政区域内电子商务的部门职责划分。

第七条　国家建立符合电子商务特点的协同管理体系，推动形成有关部门、电子商务行业组织、电子商务经营者、消费者等共同参与的电子商务市场治理体系。

第八条　电子商务行业组织按照本组织章程开展行业自律，建立健全行业规范，推动行业诚信建设，监督、引导本行业经营者公平参与市场竞争。

第二章　电子商务经营者

第一节　一般规定

第九条　本法所称电子商务经营者，是指通过互联网等信息网络从事销售商品或者提供服务的经营活动的自然人、法人和非法人组织，包括电子商务平台经营者、平台内经营者以及通过自建网站、其他网络服务销售商品或者提供服务的电子商务经营者。

本法所称电子商务平台经营者，是指在电子商务中为交易双方或者多方提供网络经营场所、交易撮合、信息发布等服务，供交易双方或者多方独立开展交易活动的法人或者非法人组织。

本法所称平台内经营者，是指通过电子商务平台销售商品或者提供服务的电子商务经营者。

第十条　电子商务经营者应当依法办理市场主体登记。但是，个人销售自产农副产品、家庭手工业产品，个人利用自己的技能从事依法无须取得许可的便民劳务活动和零星小额交易活动，以及依照法律、行政法规不需要进行登记的除外。

第十一条　电子商务经营者应当依法履行纳税义务，并依法享受税收优惠。

依照前条规定不需要办理市场主体登记的电子商务经营者在首次纳税义务发生后，应当依照税收征收管理法律、行政法规的规定申请办理税务登记，并如实申报纳税。

第十二条　电子商务经营者从事经营活动，依法需要取得相关行政许可的，应当依法取得行政许可。

第十三条　电子商务经营者销售的商品或者提供的服务应当符合保障人身、财产安全的要求和环境保护要求，不得销售或者提供法律、行政法规禁止交易的商品或者服务。

第十四条　电子商务经营者销售商品或者提供服务应当依法出具纸质发票或者电子发票等购货凭证或者服务单据。电子发票与纸质发票具有同等法律效力。

第十五条　电子商务经营者应当在其首页显著位置，持续公示营业执照信息、与其经营业务有关的行政许可信息、属于依照本法第十条规定的不需要办理市场主体登记情形等信息，或者上述信息的链接标志。

前款规定的信息发生变更的，电子商务经营者应当及时更新公示信息。

第十六条　电子商务经营者自行终止从事电子商务的，应当提前三十日在首页显著位置持续公示有关信息。

第十七条　电子商务经营者应当全面、真实、准确、及时地披露商品或者服务信息，保障消费者的知情权和选择权。电子商务经营者不得以虚构交易、编造用户评价等方式进行虚假或者引人误解的商业宣传，欺骗、误导消费者。

第十八条　电子商务经营者根据消费者的兴趣爱好、消费习惯等特征向其提供商品或者服务的搜索结果的，应当同时向该消费者提供不针对其个人特征的选项，尊重和平等保护消费者合法权益。

电子商务经营者向消费者发送广告的，应当遵守《中华人民共和国广告法》的有关规定。

第十九条　电子商务经营者搭售商品或者服务，应当以显著方式提请消费者注意，不得将搭售商品或者服务作为默认同意的选项。

第二十条　电子商务经营者应当按照承诺或者与消费者约定的方式、时限向消费者交付商品或者服务，并承担商品运输中的风险和责任。但是，消费者另行选择快递物流服务提供者的除外。

第二十一条　电子商务经营者按照约定向消费者收取押金的，应当明示押金退还的方式、程序，不得对押金退还设置不合理条件。消费者申请退还押金，符合押金退还条件的，电子商务经营者应当及时退还。

第二十二条　电子商务经营者因其技术优势、用户数量、对相关行业的控制能力以及其他经营者对该电子商务经营者在交易上的依赖程度等因素而具有市场支配地位的，不得滥用市场支配地位，排除、限制竞争。

第二十三条　电子商务经营者收集、使用其用户的个人信息，应当遵守法律、行政法规有关个人信息保护的规定。

第二十四条　电子商务经营者应当明示用户信息查询、更正、删除以及用户注销的方式、程序，不得对用户信息查询、更正、删除以及用户注销设置不合理条件。

电子商务经营者收到用户信息查询或者更正、删除的申请的，应当在核实身份后及时提供查询或者更正、删除用户信息。用户注销的，电子商务经营者应当立即删除该用户的信息；依照法律、行政法规的规定或者双方约定保存的，依照其规定。

第二十五条　有关主管部门依照法律、行政法规的规定要求电子商务经营者提供有关电子商务数据信息的，电子商务经营者应当提供。有关主管部门应当采取必要措施保护电子商务经营者提供的数据信息的安全，并对其中的个人信息、隐私和商业秘密严格保密，不得泄露、出售或者非法向他人提供。

第二十六条　电子商务经营者从事跨境电子商务，应当遵守进出口监督管理的法律、行政法规和国家有关规定。

第二节　电子商务平台经营者

第二十七条　电子商务平台经营者应当要求申请进入平台销售商品或者提供服务的经营者提交其身份、地址、联系方式、行政许可等真实信息，进行核验、登记，建立登记档案，并定期核验更新。

电子商务平台经营者为进入平台销售商品或者提供服务的非经营用户提供服务，应当遵守本节有关规定。

第二十八条　电子商务平台经营者应当按照规定向市场监督管理部门报送平台内经营者的身份信息，提示未办理市场主体登记的经营者依法办理登记，并配合市场监督管理部门，针对电子商务的特点，为应当办理市场主体登记的经营者办理登记提供便利。

电子商务平台经营者应当依照税收征收管理法律、行政法规的规定，向税务部门报送平台内经营者的身份信息和与纳税有关的信息，并应当提示依照本法第十条规定不需要办理市场主体登记的电子商务经营者依照本法第十一条第二款的规定办理税务登记。

第二十九条　电子商务平台经营者发现平台内的商品或者服务信息存在违反本法第十二条、第十三条规定情形的，应当依法采取必要的处置措施，并向有关主管部门报告。

第三十条　电子商务平台经营者应当采取技术措施和其他必要措施保证其网络安全、稳定运行，防范网络违法犯罪活动，有效应对网络安全事件，保障电子商务交易安全。

电子商务平台经营者应当制定网络安全事件应急预案，发生网络安全事件时，应当立即启动应急预案，采取相应的补救措施，并向有关主管部门报告。

第三十一条　电子商务平台经营者应当记录、保存平台上发布的商品和服务信息、交易信息，并确保信息的完整性、保密性、可用性。商品和服务信息、交易信息保存时间自交易完成之日起不少于三年；法律、行政法规另有规定的，依照其规定。

第三十二条　电子商务平台经营者应当遵循公开、公平、公正的原则，制定平台服务协议和交易规则，明确进入和退出平台、商品和服务质量保障、消费者权益保护、个人信息保护等方面的权利和义务。

第三十三条　电子商务平台经营者应当在其首页显著位置持续公示平台服务协议和交易规则信息或者上述信息的链接标识，并保证经营者和消费者能够便利、完整地阅览和下载。

第三十四条　电子商务平台经营者修改平台服务协议和交易规则，应当在其首页显著位置公开征求意见，采取合理措施确保有关各方能够及时充分表达意见。修改内容应当至少在实施前七日予以公示。

平台内经营者不接受修改内容，要求退出平台的，电子商务平台经营者不得阻止，并按照修改前的服务协议和交易规则承担相关责任。

第三十五条　电子商务平台经营者不得利用服务协议、交易规则以及技术等手段，对平台内经营者在平台内的交易、交易价格以及与其他经营者的交易等进行不合理限制或者附加不合理条件，或者向平台内经营者收取不合理费用。

第三十六条　电子商务平台经营者依据平台服务协议和交易规则对平台内经营者违反法律、法规的行为实施警示、暂停或者终止服务等措施的，应当及时公示。

第三十七条　电子商务平台经营者在其平台上开展自营业务的，应当以显著方式区分标记自营业务和平台内经营者开展的业务，不得误导消费者。

电子商务平台经营者对其标记为自营的业务依法承担商品销售者或者服务提供者的民事责任。

第三十八条　电子商务平台经营者知道或者应当知道平台内经营者销售的商品或者提供的服务不符合保障人身、财产安全的要求，或者有其他侵害消费者合法权益行为，未采取必要措施的，依法与该平台内经营者承担连带责任。

对关系消费者生命健康的商品或者服务，电子商务平台经营者对平台内经营者的资质资格未尽到审核义务，或者对消费者未尽到安全保障义务，造成消费者损害的，依法承担相应的责任。

第三十九条　电子商务平台经营者应当建立健全信用评价制度，公示信用评价规则，为消费者提供对平台内销售的商品或者提供的服务进行评价的途径。

电子商务平台经营者不得删除消费者对其平台内销售的商品或者提供的服务的评价。

第四十条　电子商务平台经营者应当根据商品或者服务的价格、销量、信用等以多种方式向消费者显示商品或者服务的搜索结果；对于竞价排名的商品或者服务，应当显著标明"广告"。

第四十一条　电子商务平台经营者应当建立知识产权保护规则，与知识产权权利人加强合作，依法保护知识产权。

第四十二条　知识产权权利人认为其知识产权受到侵害的，有权通知电子商务平台经营者采取删除、屏蔽、断开链接、终止交易和服务等必要措施。通知应当包括构成侵权的初步证据。

电子商务平台经营者接到通知后，应当及时采取必要措施，并将该通知转送平台内经营者；未及时采取必要措施的，对损害的扩大部分与平台内经营者承担连带责任。

因通知错误造成平台内经营者损害的，依法承担民事责任。恶意发出错误通知，造成平台内经营者损失的，加倍承担赔偿责任。

第四十三条　平台内经营者接到转送的通知后，可以向电子商务平台经营者提交不存在侵权行为的声明。声明应当包括不存在侵权行为的初步证据。

电子商务平台经营者接到声明后，应当将该声明转送发出通知的知识产权权利人，并告知其可以向有关主管部门投诉或者向人民法院起诉。电子商务平台经营者在转送声明到达知识产权权利人后十五日内，未收到权利人已经投诉或者起诉通知的，应当及时终止所采取的措施。

第四十四条　电子商务平台经营者应当及时公示收到的本法第四十二条、第四十三条规定的通知、声明及处理结果。

第四十五条　电子商务平台经营者知道或者应当知道平台内经营者侵犯知识产权的，应当采取删除、屏蔽、断开链接、终止交易和服务等必要措施；未采取必要措施的，与侵权人承担连带责任。

第四十六条　除本法第九条第二款规定的服务外，电子商务平台经营者可以按照平台服务协议和交易规则，为经营者之间的电子商务提供仓储、物流、支付结算、交收等服务。电子商务平台经营者为经营者之间的电子商务提供服务，应当遵守法律、行政法规和国家有关规定，不得采取集中竞价、做市商等集中交易方式进行交易，不得进行标准化合约交易。

第三章　电子商务合同的订立与履行

第四十七条　电子商务当事人订立和履行合同，适用本章和《中华人民共和国民法总则》《中华人民共和国合同法》《中华人民共和国电子签名法》等法律的规定。

第四十八条　电子商务当事人使用自动信息系统订立或者履行合同的行为对使用该系统的当事人具有法律效力。

在电子商务中推定当事人具有相应的民事行为能力。但是，有相反证据足以推翻的除外。

第四十九条　电子商务经营者发布的商品或者服务信息符合要约条件的，用户选择该商品或者服务并提交订单成功，合同成立。当事人另有约定的，从其约定。

电子商务经营者不得以格式条款等方式约定消费者支付价款后合同不成立；格式条款等含有该内容的，其内容无效。

第五十条　电子商务经营者应当清晰、全面、明确地告知用户订立合同的步骤、注意事项、下载方法等事项，并保证用户能够便利、完整地阅览和下载。

电子商务经营者应当保证用户在提交订单前可以更正输入错误。

第五十一条　合同标的为交付商品并采用快递物流方式交付的，收货人签收时间为交付时间。合同标的为提供服务的，生成的电子凭证或者实物凭证中载明的时间为交付时间；前述凭证没有载明时间或者载明时间与实际提供服务时间不一致的，实际提供服务的时间为交付时间。

合同标的为采用在线传输方式交付的，合同标的进入对方当事人指定的特定系统并且能够检索识别的时间为交付时间。

合同当事人对交付方式、交付时间另有约定的，从其约定。

第五十二条　电子商务当事人可以约定采用快递物流方式交付商品。

快递物流服务提供者为电子商务提供快递物流服务，应当遵守法律、行政法规，并应当符合承诺的服务规范和时限。快递物流服务提供者在交付商品时，应当提示收货人当面查验；交由他人代收的，应当经收货人同意。

快递物流服务提供者应当按照规定使用环保包装材料，实现包装材料的减量化和再利用。

快递物流服务提供者在提供快递物流服务的同时，可以接受电子商务经营者的委托提供代收货款服务。

第五十三条　电子商务当事人可以约定采用电子支付方式支付价款。

电子支付服务提供者为电子商务提供电子支付服务，应当遵守国家规定，告知用户电子支付服务的功能、使用方法、注意事项、相关风险和收费标准等事项，不得附加不合理交易条件。电子支付服务提供者应当确保电子支付指令的完整性、一致性、可跟踪稽核和不可篡改。

电子支付服务提供者应当向用户免费提供对账服务以及最近三年的交

易记录。

第五十四条　电子支付服务提供者提供电子支付服务不符合国家有关支付安全管理要求，造成用户损失的，应当承担赔偿责任。

第五十五条　用户在发出支付指令前，应当核对支付指令所包含的金额、收款人等完整信息。

支付指令发生错误的，电子支付服务提供者应当及时查找原因，并采取相关措施予以纠正。造成用户损失的，电子支付服务提供者应当承担赔偿责任，但能够证明支付错误非自身原因造成的除外。

第五十六条　电子支付服务提供者完成电子支付后，应当及时准确地向用户提供符合约定方式的确认支付的信息。

第五十七条　用户应当妥善保管交易密码、电子签名数据等安全工具。用户发现安全工具遗失、被盗用或者未经授权的支付的，应当及时通知电子支付服务提供者。

未经授权的支付造成的损失，由电子支付服务提供者承担；电子支付服务提供者能够证明未经授权的支付是因用户的过错造成的，不承担责任。

电子支付服务提供者发现支付指令未经授权，或者收到用户支付指令未经授权的通知时，应当立即采取措施防止损失扩大。电子支付服务提供者未及时采取措施导致损失扩大的，对损失扩大部分承担责任。

第四章　电子商务争议解决

第五十八条　国家鼓励电子商务平台经营者建立有利于电子商务发展和消费者权益保护的商品、服务质量担保机制。

电子商务平台经营者与平台内经营者协议设立消费者权益保证金的，

双方应当就消费者权益保证金的提取数额、管理、使用和退还办法等作出明确约定。

消费者要求电子商务平台经营者承担先行赔偿责任以及电子商务平台经营者赔偿后向平台内经营者的追偿，适用《中华人民共和国消费者权益保护法》的有关规定。

第五十九条　电子商务经营者应当建立便捷、有效的投诉、举报机制，公开投诉、举报方式等信息，及时受理并处理投诉、举报。

第六十条　电子商务争议可以通过协商和解，请求消费者组织、行业协会或者其他依法成立的调解组织调解，向有关部门投诉，提请仲裁，或者提起诉讼等方式解决。

第六十一条　消费者在电子商务平台购买商品或者接受服务，与平台内经营者发生争议时，电子商务平台经营者应当积极协助消费者维护合法权益。

第六十二条　在电子商务争议处理中，电子商务经营者应当提供原始合同和交易记录。因电子商务经营者丢失、伪造、篡改、销毁、隐匿或者拒绝提供前述资料，致使人民法院、仲裁机构或者有关机关无法查明事实的，电子商务经营者应当承担相应的法律责任。

第六十三条　电子商务平台经营者可以建立争议在线解决机制，制定并公示争议解决规则，根据自愿原则，公平、公正地解决当事人的争议。

第五章　电子商务促进

第六十四条　国务院和省、自治区、直辖市人民政府应当将电子商务发展纳入国民经济和社会发展规划，制定科学合理的产业政策，促进电子商务创新发展。

第六十五条　国务院和县级以上地方人民政府及其有关部门应当采取措施，支持、推动绿色包装、仓储、运输，促进电子商务绿色发展。

第六十六条　国家推动电子商务基础设施和物流网络建设，完善电子商务统计制度，加强电子商务标准体系建设。

第六十七条　国家推动电子商务在国民经济各个领域的应用，支持电子商务与各产业融合发展。

第六十八条　国家促进农业生产、加工、流通等环节的互联网技术应用，鼓励各类社会资源加强合作，促进农村电子商务发展，发挥电子商务在精准扶贫中的作用。

第六十九条　国家维护电子商务交易安全，保护电子商务用户信息，鼓励电子商务数据开发应用，保障电子商务数据依法有序自由流动。

国家采取措施推动建立公共数据共享机制，促进电子商务经营者依法利用公共数据。

第七十条　国家支持依法设立的信用评价机构开展电子商务信用评价，向社会提供电子商务信用评价服务。

第七十一条　国家促进跨境电子商务发展，建立健全适应跨境电子商务特点的海关、税收、进出境检验检疫、支付结算等管理制度，提高跨境电子商务各环节便利化水平，支持跨境电子商务平台经营者等为跨境电子商务提供仓储物流、报关、报检等服务。

国家支持小型微型企业从事跨境电子商务。

第七十二条　国家进出口管理部门应当推进跨境电子商务海关申报、纳税、检验检疫等环节的综合服务和监管体系建设，优化监管流程，推动实现信息共享、监管互认、执法互助，提高跨境电子商务服务和监管效率。跨境电子商务经营者可以凭电子单证向国家进出口管理部门办理有关手续。

第七十三条 国家推动建立与不同国家、地区之间跨境电子商务的交流合作，参与电子商务国际规则的制定，促进电子签名、电子身份等国际互认。

国家推动建立与不同国家、地区之间的跨境电子商务争议解决机制。

第六章 法律责任

第七十四条 电子商务经营者销售商品或者提供服务，不履行合同义务或者履行合同义务不符合约定，或者造成他人损害的，依法承担民事责任。

第七十五条 电子商务经营者违反本法第十二条、第十三条规定，未取得相关行政许可从事经营活动，或者销售、提供法律、行政法规禁止交易的商品、服务，或者不履行本法第二十五条规定的信息提供义务，电子商务平台经营者违反本法第四十六条规定，采取集中交易方式进行交易，或者进行标准化合约交易的，依照有关法律、行政法规的规定处罚。

第七十六条 电子商务经营者违反本法规定，有下列行为之一的，由市场监督管理部门责令限期改正，可以处一万元以下的罚款，对其中的电子商务平台经营者，依照本法第八十一条第一款的规定处罚：

（一）未在首页显著位置公示营业执照信息、行政许可信息、属于不需要办理市场主体登记情形等信息，或者上述信息的链接标识的；

（二）未在首页显著位置持续公示终止电子商务的有关信息的；

（三）未明示用户信息查询、更正、删除以及用户注销的方式、程序，或者对用户信息查询、更正、删除以及用户注销设置不合理条件的。

电子商务平台经营者对违反前款规定的平台内经营者未采取必要措施

的，由市场监督管理部门责令限期改正，可以处二万元以上十万元以下的罚款。

第七十七条　电子商务经营者违反本法第十八条第一款规定提供搜索结果，或者违反本法第十九条规定搭售商品、服务的，由市场监督管理部门责令限期改正，没收违法所得，可以并处五万元以上二十万元以下的罚款；情节严重的，并处二十万元以上五十万元以下的罚款。

第七十八条　电子商务经营者违反本法第二十一条规定，未向消费者明示押金退还的方式、程序，对押金退还设置不合理条件，或者不及时退还押金的，由有关主管部门责令限期改正，可以处五万元以上二十万元以下的罚款；情节严重的，处二十万元以上五十万元以下的罚款。

第七十九条　电子商务经营者违反法律、行政法规有关个人信息保护的规定，或者不履行本法第三十条和有关法律、行政法规规定的网络安全保障义务的，依照《中华人民共和国网络安全法》等法律、行政法规的规定处罚。

第八十条　电子商务平台经营者有下列行为之一的，由有关主管部门责令限期改正；逾期不改正的，处二万元以上十万元以下的罚款；情节严重的，责令停业整顿，并处十万元以上五十万元以下的罚款：

（一）不履行本法第二十七条规定的核验、登记义务的；

（二）不按照本法第二十八条规定向市场监督管理部门、税务部门报送有关信息的；

（三）不按照本法第二十九条规定对违法情形采取必要的处置措施，或者未向有关主管部门报告的；

（四）不履行本法第三十一条规定的商品和服务信息、交易信息保存义务的。

法律、行政法规对前款规定的违法行为的处罚另有规定的，依照其规定。

第八十一条　电子商务平台经营者违反本法规定，有下列行为之一的，由市场监督管理部门责令限期改正，可以处二万元以上十万元以下的罚款；情节严重的，处十万元以上五十万元以下的罚款：

（一）未在首页显著位置持续公示平台服务协议、交易规则信息或者上述信息的链接标识的；

（二）修改交易规则未在首页显著位置公开征求意见，未按照规定的时间提前公示修改内容，或者阻止平台内经营者退出的；

（三）未以显著方式区分标记自营业务和平台内经营者开展的业务的；

（四）未为消费者提供对平台内销售的商品或者提供的服务进行评价的途径，或者擅自删除消费者的评价的。

电子商务平台经营者违反本法第四十条规定，对竞价排名的商品或者服务未显著标明"广告"的，依照《中华人民共和国广告法》的规定处罚。

第八十二条　电子商务平台经营者违反本法第三十五条规定，对平台内经营者在平台内的交易、交易价格或者与其他经营者的交易等进行不合理限制或者附加不合理条件，或者向平台内经营者收取不合理费用的，由市场监督管理部门责令限期改正，可以处五万元以上五十万元以下的罚款；情节严重的，处五十万元以上二百万元以下的罚款。

第八十三条　电子商务平台经营者违反本法第三十八条规定，对平台内经营者侵害消费者合法权益行为未采取必要措施，或者对平台内经营者未尽到资质资格审核义务，或者对消费者未尽到安全保障义务的，由市场监督管理部门责令限期改正，可以处五万元以上五十万元以下的罚款；情节严重的，责令停业整顿，并处五十万元以上二百万元以下的罚款。

第八十四条　电子商务平台经营者违反本法第四十二条、第四十五条规定，对平台内经营者实施侵犯知识产权行为未依法采取必要措施的，由有关知识产权行政部门责令限期改正；逾期不改正的，处五万元以上五十万元以下的罚款；情节严重的，处五十万元以上二百万元以下的罚款。

第八十五条　电子商务经营者违反本法规定，销售的商品或者提供的服务不符合保障人身、财产安全的要求，实施虚假或者引人误解的商业宣传等不正当竞争行为，滥用市场支配地位，或者实施侵犯知识产权、侵害消费者权益等行为的，依照有关法律的规定处罚。

第八十六条　电子商务经营者有本法规定的违法行为的，依照有关法律、行政法规的规定记入信用档案，并予以公示。

第八十七条　依法负有电子商务监督管理职责的部门的工作人员，玩忽职守、滥用职权、徇私舞弊，或者泄露、出售或者非法向他人提供在履行职责中所知悉的个人信息、隐私和商业秘密的，依法追究法律责任。

第八十八条　违反本法规定，构成违反治安管理行为的，依法给予治安管理处罚；构成犯罪的，依法追究刑事责任。

第七章　附　　则

第八十九条　本法自2019年1月1日起施行。

中华人民共和国反不正当竞争法

（1993年9月2日第八届全国人民代表大会常务委员会第三次会议通过；2017年11月4日第十二届全国人民代表大会常务委员会第三十次会议修订；根据2019年4月23日第十三届全国人民代表大会常务委员会第十次会议《关于修改〈中华人民共和国建筑法〉等八部法律的决定》修正）

第一章 总 则

第一条 为了促进社会主义市场经济健康发展，鼓励和保护公平竞争，制止不正当竞争行为，保护经营者和消费者的合法权益，制定本法。

第二条 经营者在生产经营活动中，应当遵循自愿、平等、公平、诚信的原则，遵守法律和商业道德。

本法所称的不正当竞争行为，是指经营者在生产经营活动中，违反本法规定，扰乱市场竞争秩序，损害其他经营者或者消费者的合法权益的行为。

本法所称的经营者，是指从事商品生产、经营或者提供服务（以下所称商品包括服务）的自然人、法人和非法人组织。

第三条 各级人民政府应当采取措施，制止不正当竞争行为，为公平竞争创造良好的环境和条件。

国务院建立反不正当竞争工作协调机制，研究决定反不正当竞争重大政策，协调处理维护市场竞争秩序的重大问题。

第四条 县级以上人民政府履行工商行政管理职责的部门对不正当竞

争行为进行查处；法律、行政法规规定由其他部门查处的，依照其规定。

第五条 国家鼓励、支持和保护一切组织和个人对不正当竞争行为进行社会监督。

国家机关及其工作人员不得支持、包庇不正当竞争行为。

行业组织应当加强行业自律，引导、规范会员依法竞争，维护市场竞争秩序。

第二章 不正当竞争行为

第六条 经营者不得实施下列混淆行为，引人误认为是他人商品或者与他人存在特定联系：

（一）擅自使用与他人有一定影响的商品名称、包装、装潢等相同或者近似的标识；

（二）擅自使用他人有一定影响的企业名称（包括简称、字号等）、社会组织名称（包括简称等）、姓名（包括笔名、艺名、译名等）；

（三）擅自使用他人有一定影响的域名主体部分、网站名称、网页等；

（四）其他足以引人误认为是他人商品或者与他人存在特定联系的混淆行为。

第七条 经营者不得采用财物或者其他手段贿赂下列单位或者个人，以谋取交易机会或者竞争优势：

（一）交易相对方的工作人员；

（二）受交易相对方委托办理相关事务的单位或者个人；

（三）利用职权或者影响力影响交易的单位或者个人。

经营者在交易活动中，可以以明示方式向交易相对方支付折扣，或者向中间人支付佣金。经营者向交易相对方支付折扣、向中间人支付佣金的，应当如实入账。接受折扣、佣金的经营者也应当如实入账。

经营者的工作人员进行贿赂的，应当认定为经营者的行为；但是，经营者有证据证明该工作人员的行为与为经营者谋取交易机会或者竞争优势无关的除外。

第八条　经营者不得对其商品的性能、功能、质量、销售状况、用户评价、曾获荣誉等作虚假或者引人误解的商业宣传，欺骗、误导消费者。

经营者不得通过组织虚假交易等方式，帮助其他经营者进行虚假或者引人误解的商业宣传。

第九条　经营者不得实施下列侵犯商业秘密的行为：

（一）以盗窃、贿赂、欺诈、胁迫、电子侵入或者其他不正当手段获取权利人的商业秘密；

（二）披露、使用或者允许他人使用以前项手段获取的权利人的商业秘密；

（三）违反保密义务或者违反权利人有关保守商业秘密的要求，披露、使用或者允许他人使用其所掌握的商业秘密；

（四）教唆、引诱、帮助他人违反保密义务或者违反权利人有关保守商业秘密的要求，获取、披露、使用或者允许他人使用权利人的商业秘密。

经营者以外的其他自然人、法人和非法人组织实施前款所列违法行为的，视为侵犯商业秘密。

第三人明知或者应知商业秘密权利人的员工、前员工或者其他单位、个人实施本条第一款所列违法行为，仍获取、披露、使用或者允许他人使用该商业秘密的，视为侵犯商业秘密。

本法所称的商业秘密，是指不为公众所知悉、具有商业价值并经权利人采取相应保密措施的技术信息、经营信息等商业信息。

第十条　经营者进行有奖销售不得存在下列情形：

（一）所设奖的种类、兑奖条件、奖金金额或者奖品等有奖销售信息不明确，影响兑奖；

（二）采用谎称有奖或者故意让内定人员中奖的欺骗方式进行有奖销售；

（三）抽奖式的有奖销售，最高奖的金额超过五万元。

第十一条　经营者不得编造、传播虚假信息或者误导性信息，损害竞争对手的商业信誉、商品声誉。

第十二条　经营者利用网络从事生产经营活动，应当遵守本法的各项规定。

经营者不得利用技术手段，通过影响用户选择或者其他方式，实施下列妨碍、破坏其他经营者合法提供的网络产品或者服务正常运行的行为：

（一）未经其他经营者同意，在其合法提供的网络产品或者服务中，插入链接、强制进行目标跳转；

（二）误导、欺骗、强迫用户修改、关闭、卸载其他经营者合法提供的网络产品或者服务；

（三）恶意对其他经营者合法提供的网络产品或者服务实施不兼容；

（四）其他妨碍、破坏其他经营者合法提供的网络产品或者服务正常运行的行为。

第三章　对涉嫌不正当竞争行为的调查

第十三条　监督检查部门调查涉嫌不正当竞争行为，可以采取下列措施：

（一）进入涉嫌不正当竞争行为的经营场所进行检查；

（二）询问被调查的经营者、利害关系人及其他有关单位、个人，要求其说明有关情况或者提供与被调查行为有关的其他资料；

（三）查询、复制与涉嫌不正当竞争行为有关的协议、账簿、单据、文件、记录、业务函电和其他资料；

（四）查封、扣押与涉嫌不正当竞争行为有关的财物；

（五）查询涉嫌不正当竞争行为的经营者的银行账户。

采取前款规定的措施，应当向监督检查部门主要负责人书面报告，并经批准。采取前款第四项、第五项规定的措施，应当向设区的市级以上人民政府监督检查部门主要负责人书面报告，并经批准。

监督检查部门调查涉嫌不正当竞争行为，应当遵守《中华人民共和国行政强制法》和其他有关法律、行政法规的规定，并应当将查处结果及时向社会公开。

第十四条　监督检查部门调查涉嫌不正当竞争行为，被调查的经营者、利害关系人及其他有关单位、个人应当如实提供有关资料或者情况。

第十五条　监督检查部门及其工作人员对调查过程中知悉的商业秘密负有保密义务。

第十六条　对涉嫌不正当竞争行为，任何单位和个人有权向监督检查部门举报，监督检查部门接到举报后应当依法及时处理。

监督检查部门应当向社会公开受理举报的电话、信箱或者电子邮件地址，并为举报人保密。对实名举报并提供相关事实和证据的，监督检查部门应当将处理结果告知举报人。

第四章　法律责任

第十七条　经营者违反本法规定，给他人造成损害的，应当依法承担民事责任。

经营者的合法权益受到不正当竞争行为损害的，可以向人民法院提起诉讼。

因不正当竞争行为受到损害的经营者的赔偿数额，按照其因被侵权所受到的实际损失确定；实际损失难以计算的，按照侵权人因侵权所获得的利益确定。经营者恶意实施侵犯商业秘密行为，情节严重的，可以在按照上述方法确定数额的一倍以上五倍以下确定赔偿数额。赔偿数额还应当包括经营者为制止侵权行为所支付的合理开支。

经营者违反本法第六条、第九条规定，权利人因被侵权所受到的实际损失、侵权人因侵权所获得的利益难以确定的，由人民法院根据侵权行为的情节判决给予权利人五百万元以下的赔偿。

第十八条　经营者违反本法第六条规定实施混淆行为的，由监督检查部门责令停止违法行为，没收违法商品。违法经营额五万元以上的，可以并处违法经营额五倍以下的罚款；没有违法经营额或者违法经营额不足五万元的，可以并处二十五万元以下的罚款。情节严重的，吊销营业执照。

经营者登记的企业名称违反本法第六条规定的，应当及时办理名称变更登记；名称变更前，由原企业登记机关以统一社会信用代码代替其名称。

第十九条　经营者违反本法第七条规定贿赂他人的，由监督检查部门没收违法所得，处十万元以上三百万元以下的罚款。情节严重的，吊销营业执照。

第二十条　经营者违反本法第八条规定对其商品作虚假或者引人误解的商业宣传，或者通过组织虚假交易等方式帮助其他经营者进行虚假或者引人误解的商业宣传的，由监督检查部门责令停止违法行为，处二十万元以上一百万元以下的罚款；情节严重的，处一百万元以上二百万元以下的罚款，可以吊销营业执照。

经营者违反本法第八条规定，属于发布虚假广告的，依照《中华人民共和国广告法》的规定处罚。

第二十一条　经营者以及其他自然人、法人和非法人组织违反本法第九条规定侵犯商业秘密的，由监督检查部门责令停止违法行为，没收违法所得，处十万元以上一百万元以下的罚款；情节严重的，处五十万元以上五百万元以下的罚款。

第二十二条　经营者违反本法第十条规定进行有奖销售的，由监督检查部门责令停止违法行为，处五万元以上五十万元以下的罚款。

第二十三条　经营者违反本法第十一条规定损害竞争对手商业信誉、商品声誉的，由监督检查部门责令停止违法行为、消除影响，处十万元以上五十万元以下的罚款；情节严重的，处五十万元以上三百万元以下的罚款。

第二十四条　经营者违反本法第十二条规定妨碍、破坏其他经营者合法提供的网络产品或者服务正常运行的，由监督检查部门责令停止违法行为，处十万元以上五十万元以下的罚款；情节严重的，处五十万元以上三百万元以下的罚款。

第二十五条　经营者违反本法规定从事不正当竞争，有主动消除或者减轻违法行为危害后果等法定情形的，依法从轻或者减轻行政处罚；违法行为轻微并及时纠正，没有造成危害后果的，不予行政处罚。

第二十六条　经营者违反本法规定从事不正当竞争，受到行政处罚的，由监督检查部门记入信用记录，并依照有关法律、行政法规的规定予以公示。

第二十七条　经营者违反本法规定，应当承担民事责任、行政责任和刑事责任，其财产不足以支付的，优先用于承担民事责任。

第二十八条　妨害监督检查部门依照本法履行职责，拒绝、阻碍调查的，由监督检查部门责令改正，对个人可以处五千元以下的罚款，对单位可以处五万元以下的罚款，并可以由公安机关依法给予治安管理处罚。

第二十九条　当事人对监督检查部门作出的决定不服的，可以依法申请行政复议或者提起行政诉讼。

第三十条　监督检查部门的工作人员滥用职权、玩忽职守、徇私舞弊或者泄露调查过程中知悉的商业秘密的，依法给予处分。

第三十一条　违反本法规定，构成犯罪的，依法追究刑事责任。

第三十二条　在侵犯商业秘密的民事审判程序中，商业秘密权利人提供初步证据，证明其已经对所主张的商业秘密采取保密措施，且合理表明商业秘密被侵犯，涉嫌侵权人应当证明权利人所主张的商业秘密不属于本法规定的商业秘密。

商业秘密权利人提供初步证据合理表明商业秘密被侵犯，且提供以下证据之一的，涉嫌侵权人应当证明其不存在侵犯商业秘密的行为：

（一）有证据表明涉嫌侵权人有渠道或者机会获取商业秘密，且其使用的信息与该商业秘密实质上相同；

（二）有证据表明商业秘密已经被涉嫌侵权人披露、使用或者有被披露、使用的风险；

（三）有其他证据表明商业秘密被涉嫌侵权人侵犯。

第五章　附　则

第三十三条　本法自2018年1月1日起施行。

后 记

　　《直播与合规》一书的编撰工作于 2020 年初启动，历时一年有余，终于成书并顺利出版。本书的编写正值新冠肺炎疫情防控时期，各行业均处于低迷之际，直播行业却依托于线上的独特优势发展迅猛，特别是其中的电商直播，改变了传统的销售模式，为各地产品的流通开辟了新的渠道。电商直播从 2019 年起迅速发展，成为当下发展最为迅速的互联网应用行业。但在行业高速发展的过程中，因相应的合规管理制度缺失，导致许多违法违规的事件发生。基于此，我们合力编撰了本书，相信该书对于从事直播行业的企业、中介机构及行业相关的从业人员均具有极高的实务操作指引作用。

　　本书在编辑、出版过程中得到了直播行业监管部门、行业培训机构、相关企业和个人等多方面的帮助和支持，在此表示衷心感谢！其中，特别感谢浙江省东阳市司法局副局长、公职律师吴江峰参与本书消费者权益保护内容的编写，资深财税专家蒲嘉杰先生负责直播行业税务合规内容的编写。本书凝聚了浙江金道律师事务所律师及杭州、上海、北京律师同行的智慧结晶，在此亦感谢各位律师的辛勤付出！

　　因本书篇幅所限，所列之章节未能涵盖直播行业合规之全部内容，难免存在不足之处，欢迎各位读者多提宝贵意见。衷心希望本书对直播行业规范化经营及防范法律风险起到良好的借鉴作用。

浙江金道律师事务所律师　张国华

2021 年 4 月 30 日于杭州